高齢者をめぐる
法律問題入門

編著：高齢者をめぐる法律問題研究会

大成出版社

推薦のことば

　日本は、総人口の減少と65歳以上の高齢者人口の増加によって、高齢化社会が進んでいます。高齢化社会の問題点は、社会保障費の増加、介護負担の増加、各業界の人材不足、生産年齢人口の減少など、我が国に深刻なダメージをもたらします。その対策として、法律の整備も進められていますが、このような状況の中で、現場で対応する法律家である弁護士が高齢化社会対策にかかわることが急務となっています。

　本書は、東京都弁護士協同組合の書籍出版事業の一環として、これまでの検討と研究の結果として刊行されたものであり、弁護士がかかわる高齢者の法律問題の実務を解説した入門書です。

　本書は、具体的な事例を問答形式で解説していますので、事業に即し読みやすく利用しやすくなっており、高齢者にかかわる法律問題の実務を考えるうえで参考となると思われます。

　本書が高齢化社会のなかで活躍される弁護士におおいに利用され、また、今後の高齢化社会対策に寄与することを期待し、ここに推薦する次第です。

平成28年2月

東京弁護士会　　　会長　伊藤　茂昭
第一東京弁護士会　会長　岡　　正晶
第二東京弁護士会　会長　三宅　　弘

発刊によせて

　東京都弁護士協同組合では、組合員である弁護士のため様々な事業を展開しており、平成20年度より書籍出版事業を立ち上げ、東弁協叢書や東弁協選書等の書籍の出版を手がけてきました。

　特に東弁協叢書は、企画や内容を検討する段階から当組合が関与して、内容及び質共に弁護士業務に役立つ良書を刊行し、多くの弁護士より好評を戴いているところですが、このたび、東弁協叢書の第15冊目となる「高齢者をめぐる法律問題入門」を刊行する運びとなりました。

　ご承知のとおり、近年、我が国では高齢化が急速に進み、新聞その他の各種メディアでも「高齢化社会」という言葉が多く見られます。これまでも後見や相続等で様々な法律問題がありましたが、今後は高齢者の住居や介護等の生活上の問題や後見、相続その他の法律問題がまさに身近な事柄として質・量ともに増えてくるものと予想されます。そこで、本書では身近な法律相談に出てくるであろう事例を主として取り上げ、分かりやすく解説を加えました。そのため、本書では、若手弁護士に加え、高齢者問題に携わる専門知識を必要とする一般の方々にとっても、お役に立てる内容であると思います。

　最後に、本書の発刊にあたり限られた時間の中で執筆いただいた執筆者の先生方に感謝申し上げますとともに、本書が広く弁護士の事件処理に役立つことを祈念いたします。

平成28年2月

　　　　　　　　　　　　　　　　　　東京都弁護士協同組合
　　　　　　　　　　　　　　　　　　　　理事長　　根岸　清一

はしがき

　本書「高齢者をめぐる法律問題入門」は、東京都弁護士協同組合の書籍出版事業の一環として刊行されたものです。

　本書は、主に新人弁護士や高齢者福祉に関係のある一般の方々を対象として企画されています。

　本書では、高齢者福祉に関係する相談事例を取り上げ、相談に対する回答という形式で内容を解説しており、また実務に役立つ書式やミニ知識等も随所に入れていて、実務に活用できる内容だと確信しています。

　読者の皆様もご存じのとおり、日本は世界でも指折りの高齢化社会に突入しており、これまでに様々な問題が発生し、法的にも制度的にも様々な変遷を遂げてきました。そして、日本ではこれからも更なる高齢化が予想されており、高齢者問題はますます幅広にかつ深化していくものと思われます。本書は高齢者問題の様々な分野で問題となる事例を挙げ、また相続時に必須知識となる相続税についても解説しております。本書を高齢者問題の始めの一歩として活用していただければ執筆者一同これに過ぎるものはありません。

　なお、執筆にあたっては、株式会社大成出版社の松林伸一氏に大きなお力添えをいただきました。ここに心よりお礼申し上げます。

平成28年2月

　　　　　　　　　　　　　　　執筆者　　西垣　義明
　　　　　　　　　　　　　　　　　　　　今津　泰輝
　　　　　　　　　　　　　　　　　　　　柴崎　菊恵
　　　　　　　　　　　　　　　　　　　　浅田　修司
　　　　　　　　　　　　　　　　　　　　阿部　克臣
　　　　　　　　　　　　　　　　　　　　土屋　裕太

執筆者一覧

○西垣　義明（にしがき・よしあき）弁護士

　1975年弁護士（東京弁護士会）、税理士登録。1995年NPO法人善意の会を設立し、会長に就任。前（社）埼玉県宅地建物取引業協会越谷支部顧問、東京弁護士会弁護士倫理特別委員などを務める。主な著書に『やる気がおこる生活の知恵心得集』（「資格の学校」編集部）、『善意のひろば１～６集』（柳原出版）、『正しく生きるためのモラル実践模範365日』（市田印刷出版）、「不動産取引相談ハンドブック」（共著・金融財政事情研究会）ほか多数。

○今津　泰輝（いまづ・やすてる）弁護士

　2003年弁護士登録（東京弁護士会）。今津法律事務所代表。主な著書に『なるほど図解会社法のしくみ（第二版）』（単著、中央経済社、2014）等。

○柴崎　菊恵（しばさき・きくえ）弁護士

　2005年弁護士登録（第一東京弁護士会）。2013年東京双葉法律事務所開設。主な著書に、『同族会社実務大全』（共著・清文社）、『経済刑事裁判例に学ぶ不正予防・対応策』（共著・経済法令研究会）等。

○浅田　修司（あさだ・しゅうじ）弁護士

　2009年弁護士登録（東京弁護士会）。有楽法律会計事務所所属。主な著者に「不動産取引相談ハンドブック」（共著・金融財政事情研究会）等。

○阿部　克臣（あべ・かつおみ）弁護士

　2009年弁護士会登録（第二東京弁護士会）。リンク総合法律事務所所属。全国先物取引被害研究会、東京投資被害弁護士研究会所属。カンボジア不動産投資被害弁護団や全国岡本倶楽部被害対策弁護団など、多数の消費者被害弁護団で活動。

○土屋　裕太（つちや・ゆうた）弁護士

　2014年弁護士登録（東京弁護士会）。今津法律事務所所属。

高齢者をめぐる法律問題入門
目　次

推薦のことば
発刊によせて
はしがき
執筆者一覧

第1章　高齢者の意思表示

Q1 訪問販売と契約の解約 …………………………………………… 3
　第1　契約当事者の現状 ……………………………………………… 4
　第2　クーリング・オフと過量販売解除 ………………………… 5
　　1　クーリング・オフ ……………………………………………… 5
　　　(1)要件　(2)効果
　　2　過量販売等解除 ………………………………………………… 10
　　　(1)要件　(2)効果
　　3　その他取消し等 ………………………………………………… 11
　　　(1)各種制度　(2)解除・取消し・無効の効果
　　4　事例の検討 ……………………………………………………… 17
　　5　その他の救済 …………………………………………………… 18
Q2 認知症と意思表示 ……………………………………………… 19
　第1　認知症と意思能力 …………………………………………… 20
　　1　意思無能力 ……………………………………………………… 21
　　2　契約不成立 ……………………………………………………… 22
　　3　公序良俗違反 …………………………………………………… 23
　　4　成年後見制度 …………………………………………………… 24
　　5　事例の検討 ……………………………………………………… 25
　第2　認知症と遺言能力 …………………………………………… 25

1　説明 ……………………………………………………… 25
　　2　事例の検討 …………………………………………… 26

第2章　高齢者の居住問題

Q1　高齢者向け住まいの種類と契約上の注意点 …………… 31
　第1　高齢者向け住まい ……………………………………… 32
　　1　高齢者向け住まいの種類 …………………………… 32
　　　(1)有料老人ホーム　(2)サービス付き高齢者向け住宅
　　　(3)シニア向け分譲マンション　(4)ケアハウス　(5)特別養護老人ホーム、介護老人保健施設、介護療養型医療施設　(6)シルバーハウジング　(7)養護老人ホーム
　　2　有料老人ホーム・サ高住の契約の注意点 ………… 37
　　　(1)法律構成　(2)保証人・身元引受人　(3)料金体系と入居一時金　(4)事業者側からの解除事由等

Q2　内縁の配偶者と借家権 ……………………………………… 42
　第1　内縁の配偶者と借家権 ………………………………… 42
　　1　相続人がいない場合 ………………………………… 42
　　2　相続人がいる場合 …………………………………… 43
　　3　終身借家権の場合 …………………………………… 44
　　4　まとめ ………………………………………………… 44

Q3　孤独死と相続人の責任 ……………………………………… 46
　第1　孤独死と相続人の責任 ………………………………… 46
　　1　損害賠償請求 ………………………………………… 46
　　2　原状回復義務 ………………………………………… 47
　　3　相続放棄 ……………………………………………… 49
　　4　まとめ ………………………………………………… 49

第3章　遺言書等作成の工夫

Q1　夫（甲）を亡くした妻（乙）は、自宅とアパート1棟を相続した。その後、再婚相手（丁）が現れたが、妻（乙）は、娘（丙）に不動産を相続させたいと考え、再婚をためらっている。どうすればよいか？ ……………………………… 53

Q2　親（甲）は、会社Aを、100％株主かつ代表取締役として経営してきた。親（甲）は、自分が他界した後、親友である実業家（丁）に、会社Aを譲りたい。一方で、実業家（丁）から、ある程度の金額を、長男（乙）と長女（丙）に支払わせたい。どうすればよいか？ …………………… 55

Q3　地主（甲）の相続人は、長男（乙）と長女（丙）である。（甲）は、相続税のことを考え、所有している多くの土地を（乙）の長男（丁）に遺贈したいと考えている。また、（甲）は、預貯金を長女（丙）に相続させたい。どうすればよいか？ ……………………………………………………… 57
　　第1　遺言執行者と遺言執行の必要性 ……………… 58
　　第2　遺言執行者を指定する利点 ……………………… 60

Q4　（甲）の相続人は、長女（乙）と長男（丙）である。（甲）は、遺言を作成して、（甲）と同居している（乙）に、自宅の土地と建物を全て相続させたいと考えている。（丙）には遺留分があると聞いたが、（乙）が土地と建物を全て相続する方法はあるか？ ……………………………… 61
　　第1　遺留分とは ……………………………………… 62
　　第2　遺留分の放棄とは ……………………………… 62
　　第3　乙に土地及び建物全てを相続させる方法 ……… 63

Q5　検認を行う必要のない遺言を作成するにはどうすればよいか？ …………………………………………………………… 65

第1　検認とは ……………………………………… 65
　　　第2　検認の手続き ………………………………… 66
　　　第3　公正証書遺言の場合 ………………………… 66
Q6　遺言書には、どのような種類があるか。どのような場合
　　に、どの種類の遺言書を作成すべきか？ ……………… 68
　　　第1　自筆証書遺言 ………………………………… 68
　　　第2　公正証書遺言 ………………………………… 70
　　　第3　秘密証書遺言 ………………………………… 71
　　　第4　特別の方式による遺言 ……………………… 72
Q7　「相続させる」と「遺贈する」の違いは？ ………… 73
　　　第1　「相続させる」場合の利点 ………………… 73
　　　第2　以前の争点 …………………………………… 75
Q8　外国人が、日本において、日本の法律に基づく遺言書を
　　作成することができるか？ ……………………………… 76

第4章　高齢者の財産管理について

Q1　私の父は73歳で、遠方で一人暮らしをしています。近く
　　に身内も住んでおらず、父が預貯金、不動産等の財産を自
　　分で管理できているかが心配です。マンションの管理は、
　　不動産業者に任せたままであると聞いています。財産管理
　　の方法として、何がありますか。ホームヘルパーさんに預
　　貯金等の財産管理をお願いすることはできますか？ ……… 81
　　　第1　財産管理契約 ………………………………… 81
　　　　1 委任者　2 受任者　3 財産管理の内容　4 報酬　5
　　　　財産管理人の義務　6 メリット　7 デメリット　8 任
　　　　意後見契約との関係
　　　第2　日常生活自立支援事業 ……………………… 85

1趣旨　2対象者　3実施主体　4援助の内容　5利
　　用料　6財産管理　7成年後見制度との関係
　〈参考〉第1　委任契約 ··· 88
　〈参考〉第2　任意後見契約 ·· 91

第5章　高齢者に対する虐待について

Q1 70歳の父（甲）は、息子（乙）夫婦と同居しているが、息子（乙）の長男（丙、甲の孫）から虐待を受けています。
1　どこに相談したらいいですか？
2　（甲）に対する虐待を発見したAは、通報義務を負いますか？
3　Aは、通報による不利益を負いませんか？
　　　　　　　　　　　　　　　　　　···························· 101
　第1　高齢者虐待防止法の概要 ································· 102
　　　1趣旨　2対象者　3高齢者に対する虐待の主体
　　　4高齢者に対する虐待の内容
　第2　虐待の相談先 ··· 106
　　　1虐待の発生要因　2虐待の相談先
　第3　発見者の通報義務 ·· 107
　　　1発見者の通報義務　2高齢者に対する虐待のサイン
　　　3通報する際のポイント　4通報後の市町村の対応
　第4　通報者の保護 ··· 112

第6章　高齢者と消費者被害について

Q1 投資詐欺 ··· 117
Q2 健康食品の送り付け ···································· 118
　第1　高齢者の消費者被害全般に関して ················· 120

目次　**5**

　　　　１　高齢者をめぐる消費者被害の実態
　　第２　Ｑ１投資詐欺に関して ……………………………… 125
　　　　１　詐欺被害に遭ったと気付いた場合の対応　２　被害回復のための調査　３　被害回復のための手続き　４　今後の被害の予防策
　　第３　Ｑ２健康食品の送り付けに関して ………………… 146
　　　　１　ネガティブオプションについて

第７章　高齢者の相続税対策

Q１　平成27年から相続税の基礎控除が減少しますが、高齢者として、今後の相続税対策をどのように備えれば良いでしょうか？ ……………………………………………………… 151

第８章　後見人制度とは

Q１　最近、母親が高齢による認知症のため、自身の財産をしっかり管理できていないようで不安です。どうすればよいか？ …………………………………………………………… 163
　　第１　成年後見人制度とは ………………………………… 165
　　第２　成年後見人の権限及び義務 ………………………… 166
　　第３　成年後見登記制度 …………………………………… 166

Q２　家庭裁判所に母親の後見開始の審判の申立てを行ったところ、私が成年後見人に選任された。何をすればよいか？ ……………………………………………………………… 167
　　第１　就任時の事務 ………………………………………… 168
　　第２　在任期間中の事務 …………………………………… 170

Q３　将来、自分の判断能力が低下した時に、私の成年後見人になってもらいたい人がいる。どうすればよいか？ ……… 171

第1　任意後見制度とは ……………………………… 172
　　第2　任意後見契約の締結 …………………………… 172
　　第3　任意後見人の業務の開始時期 ………………… 173
　　第4　任意後見契約の解除 …………………………… 173
 Q4　成年被後見人が、結婚をしたい、養子縁組をしたい、又は、遺言を書きたいといっている。成年後見人としてはどうすればよいか？ ………………………………………… 174
 Q5　成年後見人は、本人の財産に関する全ての法律行為を代理する権限を有しているので、後見人が本人を代理して、本人の財産である不動産を後見人に贈与することもできるか？ ……………………………………………………… 176
　　第1　利益相反行為とその判断基準 ………………… 176
　　第2　後見人と被後見人の利益が相反する場合 …… 177
 Q6　成年被後見人に類似する制度として、保佐人や補助人という制度があると聞いた。どのような制度か？ ……… 178

第9章　福祉信託について

 Q1　信託による高齢者の財産管理方法があると聞きましたが、詳しく説明してください。 ……………………… 183
　　第1　信託とは ………………………………………… 183
　　第2　信託のメリット ………………………………… 184
　　第3　信託のデメリット ……………………………… 185
　　第4　遺言代用信託 …………………………………… 185
　　第5　受益者連続型信託 ……………………………… 185
　　第6　福祉信託と成年後見制度の関係 ……………… 187
　　第7　福祉信託契約書（例） ………………………… 189

第10章　介護について－介護と介護保険法の概要－

Q1　私の父親が高齢となり、家族で父親の身の回りの世話をするのも限界となっています。何か公的なサービスを受けたいのですが、どうすればよいでしょうか？ ……………197

第1　高齢者に関係する法律 …………………………………197
　1　老人福祉法の概要 ………………………………………197
　2　高齢者医療確保法（旧法：老人保健法）の概要 ……198
　3　介護保険法の概要 ………………………………………199
　　(1)介護保険法成立の背景　(2)介護保険制度の目的及び基本的理念　(3)介護保険制度の対象者及び保険料の支払い　(4)保険者の役割　(5)被保険者の負担

第2　介護制度の利用手順 ……………………………………203
　1　介護保険の申請 …………………………………………203
　2　保険者による認定調査 …………………………………204
　3　判定と認定結果の通知 …………………………………204
　4　介護サービスの利用 ……………………………………205
　　(1)利用までの概略　(2)認定結果が要介護の場合　(3)認定結果が要支援の場合
　5　サービス利用開始以降 …………………………………207

第3　介護サービスの内容や提供者 …………………………208
　1　要介護の場合のサービス内容（介護給付）…………208
　　(1)居宅サービス　(2)居宅介護支援サービス　(3)施設サービス　(4)地域密着型サービス　(5)住宅改修費の支給
　2　要支援の場合のサービス内容（予防給付）…………213
　　(1)介護予防サービス　(2)介護予防支援サービス　(3)地域密着型サービス　(4)住宅改修費の支給

3　サービスのための施設や介護サービスを担当する人々 …………………………………… 215
　(1)地域包括支援センター　(2)通所や入居のための施設
　(3)介護サービスを担当する人々
4　利用者負担額 ……………………………………………… 218

1
高齢者の意思表示

福祉用語の解説

〔クーリング・オフ制度〕
　特定商取引に関する法律（特定商取引法）では、訪問販売や電話勧誘販売に対して、クーリング・オフ制度を設けており、契約の申込みの撤回又は契約の解除を行うことができます。
　申込書面又は契約書面を受け取った場合には、原則として、その書面を受け取った日から、その日を含め8日目までに業者に「契約の申込みの撤回又は契約の解除をする」旨の通知をする必要があります。
　その書面は、8日目までに発送すれば良いのですが、業者から「受け取っていない」と言われないためには、「配達証明付内容証明郵便」で出すと安心です。

1　高齢者の意思表示

Q1　訪問販売と契約の解約

高齢者Ａさんは、自宅に来訪した業者に勧誘され、自宅の床リフォーム工事を契約した。その後、床リフォームの工事をした業者が、「ほかの箇所も点検しましょう」と言うので、点検してもらった。そうしたところ、「今年の梅雨に雨漏りする危険が大きい」などと言うので、屋根のふき替え工事、外壁塗装工事、門扉の工事など次々と契約をし、結果、3ヶ月前から2週間ほど前の間に6件で合計約1,300万円の契約をした。

高額になってしまったので、心配になり、別の業者に診てもらったところ、雨漏りの危険などはないという。必要のない工事なので解約したいができるか？

これと同時にクレジット契約もしている場合、クレジット契約を解約できるか？

A　特定商取引法上の「訪問販売」に該当するが、契約日からすでに8日が経過しているので、法定書面が交付されているか、交付された書面に重大な不備がないか、及びクーリング・オフ妨害がなかったかを確認し、クーリング・オフの可否を検討するべきである。短期間に多数の契約をしているので、過量販売にあたり解除できないかも検討する必要がある。

また、「今年の梅雨に雨漏りする危険が大きい」などの発言

は契約締結の必要性に関する事項の不実告知に該当し、特定商取引法に基づき、意思表示の取消しができると考えられる。

　以上のいずれかが適用される場合、クレジット契約も解除又は取消しをすることができると考えられる。

第1　契約当事者の現状

　全国の消費生活センターに寄せられた契約当事者が70歳以上の相談件数は、2014年度約20万件で、相談全体の約20％を占め、販売方法・手口別にみると、電話勧誘販売約4万件、家庭訪販約3万件、インターネット通販約1万件、などとなっている[1]。70歳未満の相談では、店舗販売や通信販売によるトラブルが多いのに対して、70歳以上の相談では、訪問販売や電話勧誘販売によるトラブルが多いことに特徴がある[2]。高齢者は、日中自宅にいることが多く、また、精神的・肉体的体力が衰え、事業者の「熱心な」勧誘に「根負け」しやすいと言われる。これらの点で、消費者保護法制による保護の必要性が、高齢者の場合、顕著である。

1　独立行政法人国民生活センターのHP
　（http://www.kokusen.go.jp/soudan_now/koureisya.html）より
2　国民生活センターと高齢者の消費生活相談の状況について
　（http://www.moj.go.jp/content/000123300.pdf）より

第2　クーリング・オフと過量販売解除

1　クーリング・オフ

　特定の類型の契約を、理由なく負担なく解除できるものとして、特定商取引法その他の法律[3]に、クーリング・オフの制度が定められている。これらの類型の取引においては、消費者が不意打ち的な勧誘を受けることが多い。そこで、消費者が、合理的な判断をすることができるよう、一定の熟慮期間を与え、消費者はその熟慮期間中、任意に、負担なく、申込みを撤回（民法524条参照。）し、又は契約を解除できることとされた。

　消費者が負担なく契約の効力を否定できるため、ここでは、特商法上の「訪問販売」としてクーリング・オフ（特商法9条）できないかをまず、検討すべきということとなる。

（1）要　件

「訪問販売」のクーリング・オフの要件は、

---
① 「訪問販売」に該当すること
② 撤回・解除の意思表示を書面により行うこと
③ 法定書面（事業者がクーリング・オフ妨害をした場合は、再交付書面）を受領した日から数えて撤回・解除の意思表示を発するまでに8日を経過していないこと
④ 適用除外に該当しないこと

である。

3　特商法に規定のあるもののほか、宅建業者自らが売主となる、宅地又は建物の売買契約（宅建業法37条の2）、ゴルフ会員権の新規契約（ゴルフ場等会員契約適正化法12条）、保険契約（保険業法309条）等がある。

ア　①について

「訪問販売」は、消費者宅を訪問するいわゆる「家庭訪販」そのほかの事業者の営業所等以外の場所（ファミリーレストラン等）での取引（特商法2条1項1号、特商規1条）や、キャッチセールス（特商法2条1項2号、営業所等以外の場所で呼び止めて営業所等へ同行させる方法）やアポイントメントセールス（販売目的を告げずに（特商令1条1号）若しくは他より著しく有利な条件を告げて（特商令1条2号）事業所に呼び出す方法）等も含む類型として規定されている。

なお、権利の販売については、指定権利（特商法2条4項、特商令3条、別表第一）に限られる。

イ　②について

条文上、「書面により」との要件が規定されているが、書面性については、要件としない裁判例（福岡高判平成6年8月31日判時1530号64頁消費者法百選47）もある。

証明の便宜のため、内容証明郵便によることが望ましい。

ウ　③について

「受領した日」「から起算して」とは、受領日を算入することを意味する（民法140条参照。）。

法定書面を交付したことは、事業者側が主張・立証責任を負う。

法定書面に不備があった場合、どの程度の記載不備があれば法定書面を交付したこととならないかについて、裁判例は、次第に厳格に判断する傾向がみられるとされ（消費者法百選115頁）、何らかの書面が交付されていたとしても、クーリング・オフの行使期間が開始していない可能性が十分にある。

クーリング・オフ妨害は、事業者がクーリング・オフに関し不実告知をし又は威迫した結果、消費者がクーリング・オフしなかった場合をいう（9条1項ただし書第2かっこ書）。

　なお、8日間の期間制限が進行しない場合でも契約解除権として商事時効（5年）にかかるとする見解（消費者法百選115頁）があるほか、信義則上、長期間経過後のクーリング・オフが制限されると解される余地もある。

　　エ　④について

　特定商取引法では、消費者の定義を設けず、取引の形態に該当すれば同法が適用となることとし、特定商取引法の保護の必要がない取引については、適用除外をするという定め方をしている。

　全面適用除外は、消費者が「営業のために若しくは営業として締結」するもの（特商法26条1項1号）、本邦外の消費者に対する取引（同項2号）、国又は地方公共団体が行う取引（同項3号）、労働組合等の構成員に対する取引（同項4号）、従業員に対する取引（同項5号）、株式会社以外の者が発行する新聞紙の販売（同項6号）、弁護士業務（同項7号）、他の法律の規定によって消費者の利益を保護することができると認められる、金融業者関係、通信・放送業者、運輸関係等（同項8号、特商令5条、別表第二）となっている。

　その他、同法は適用されるが、訪問販売においてクーリング・オフが適用されない類型が、特商法26条2項以下に定められている。概略は、次のとおりである。

あ　契約の締結後直ちに行われることが通例である役務の提供（特商法26条2項）[4]。

い　交渉が相当の期間にわたり行われることが通常である商品又は役務（特商法26条3項1号、特商令6条の2）[5]。

う　契約の締結後速やかに提供されない場合には、提供を受ける者の利益を著しく害するおそれがある役務（特商法26条3項2号、特商令6条の3）[6]。

え　「消耗品」[7]を使用・消費したとき（事業者が当該商品を使用・消費させた場合を除く。特商法26条4項1号、特商令6条の4、別表第三）。

お　3,000円未満の現金取引（特商法26条4項3号、特商令7条）

か　「請求訪販」（消費者が、その住居で契約の申込みをし又は締結することを請求した場合。特商法26条5項1号）、「御用聞き」（特商令8条1号）、同一事業の「継続顧客との取引」（特商令8条2号、3号）又は「職場販売」（特商令8条4号）。

4　キャッチセールスの（特商令6条柱書）海上タクシー（同条1号）、飲食店（同条2号）、マッサージ等（同条3号）、カラオケボックス（同条4号）（ただし、特商規23条の3による限定がある。）

5　自動車販売、自動車リースである。

6　電気・ガス・熱の供給、葬儀である。

7　i健康食品、ii不織布・織物、iiiコンドーム・生理用品、iv防虫剤・殺虫剤・防臭剤・脱臭剤（医薬品を除く）、v化粧品・毛髪用剤及び石けん（医薬品を除く）、浴用剤、合成洗剤、洗浄剤、つや出し剤、ワックス、靴クリーム並びに歯ブラシ、vi履物、vii壁紙、viii配置薬である。

(2) 効　果

消費者に負担なく撤回・解除できるように、清算のためのルールが規定されている。

> Ⓐ　事業者は、申込みの撤回・解除に伴う損害賠償や違約金の請求ができない（特商法9条3項）。
> Ⓑ　商品の引渡しを受けている場合（、消費者は商品を返還しなければならないが）、引取り費用は事業者負担である（同法9条4項）。
> Ⓒ　商品・指定権利の使用利益を返還する必要はなく、提供済みの役務については、不当利得としてもその対価を請求することはできない（同法9条5項）。
> Ⓓ　継続的契約であっても、不遡及的解除ではなく、事業者は対価を全額返還しなければならない（同法9条6項）。
> Ⓔ　そのうえ、事業者は土地建物その他の工作物の原状回復義務を負う（同法9条7項）。

なお、クーリング・オフの撤回は再契約の申込みと評価される。

訪問販売によって個別クレジット契約を同時に締結した場合、個別クレジット契約についても、クーリング・オフでき、特定商取引法とほぼ同様の要件・効果が定められている（割賦販売法35条の3の10）。個別クレジット業者に対しクーリング・オフの通知をした場合、販売契約等も同時に解除されたものとみなされる（同条5項）。

2 過量販売等解除

また、訪問販売においては、「通常必要とされる」分量等「を著しく超える」売買・役務提供契約を、クーリング・オフと同じ効果をもって申込みの撤回や契約の解除ができる（特商法9条の2）。

（1）要件

要件は、

> ①訪問販売に該当すること[8]
> ②ⅰ 過量な契約を締結し、又は
> 　ⅱ 過去の消費者の取引実績[9]と併せると過量となる（もしくは過去の消費者の取引実績で既に過量[10]であるうえにさらに）契約を締結したこと
> ③ⅱの場合、過量であることにつき、事業者が認識していること
> ④撤回・解除の意思表示を行うこと
> ⑤過量の契約を必要とする特別の事情がなかったこと
> ⑥契約締結の時から1年が経過していないこと
> ⑦適用除外に該当する事由がないこと

である。

---

8 「申込者等」の定義が特商法9条1項にあり、訪問販売の場合に限定されている。
9 取引実績は別業者でもよい（特商法ハンドブック204頁）。
10 公益社団法人日本訪問販売協会では、「『通常、過量には当たらないと考えられる分量の目安』について」という自主規制を発表しており、参考になる（http://www.jdsa.or.jp/www/jigyo/rinri/pdf/meyasu.pdf）。「屋根や外壁等の住宅リフォーム全般」は、「原則、築年数10年以上の住宅1戸につき1工事」が、通常、過量には当たらないと考えられる分量目安とされている。

クーリング・オフと違い、④解除の意思表示は原則どおり到達主義であり、また、⑥行使期間の起算点は契約締結時である。⑦適用除外は、特商法26条1項と5項のみが適用される。

（2）効　果

クーリング・オフの規定が準用されている（特商法9条の2第3項）ため、消費者に負担なく解除ができる。

過量販売等に該当する場合、同時に締結された個別クレジット契約も解除することができる（割賦販売法35条の3の12）。この場合、個別クレジット業者が過剰性について認識している必要はない。ただし、クーリング・オフと異なり、個別クレジット業者に対し解除の通知をした場合でも、販売契約等は自動的には解除されないので、個別に通知をする必要がある。なお、過量売買契約等をクレジット契約より先に解除した場合は、個別クレジット業者は購入者等に対し立替金等の請求ができないとする規定等が適用されない（同条4項ただし書）ので、実務上、個別クレジット契約を先に解除するのが望ましいとされる（上手な対処法134頁）。

3　その他取消し等

クーリング・オフ等ができない場合、契約の拘束を解くためには、契約を解除し、意思表示を取り消し、又は、無効を主張することが必要である。

（1）各種制度

もともと、民法上、錯誤無効（95条）・詐欺取消し・強迫取消し（96条）が定められているが、消費者保護の観点から、消費者契約法や特定商取引法上、独自の取消制度が規定されてい

る。
　　ア　消費者契約法による意思表示の取消し
　消費者契約法上の意思表示の取消し（消契法4条）の積極要件は以下のとおりである。

> ①　消費者契約に該当すること[11]
> ②　次のアないしオのいずれかの事実があること
> 　ア　不実告知（重要事項[12]について事実と異なることを告げること。消契法4条1項1号）
> 　イ　断定的判断の提供（将来における変動が不確実な事項につき断定的判断を提供すること。消契法4条1項2号）
> 　ウ　不利益事実の不告知（ⅰ重要事項又は当該重要事項に関連する事項について消費者の利益となる旨を告げ、かつ、ⅱ当該重要事項について消費者の不利益となる事実であってⅰの告知により存在しないと消費者が通常考えるべき事実を故意に告げないこと。消契法4条2項）
> 　エ　不退去（消費者が、退去すべき旨の意思を示したにもかかわらず、消費者の住居又は就業場所から退去しないこと。消契法4条3項1号）

---

[11] 「消費者」と「事業者」の間で締結される契約をいう（消契法2条3項）。「消費者」は、個人（事業として又は事業のために契約の当事者となる場合を除く。）、「事業者」は、法人その他の団体のほか、事業として又は事業のために契約の当事者となる個人、と定義されている（同法2条1項、2項）。

[12] 消契法4条4項に定義があり、物品等契約の目的の質、用途その他の内容、対価その他の取引条件であって、契約を締結するか否かについての判断に通常影響を及ぼすべきものである。特商法で不実告知に含まれることとなった、契約の動機づけにおける不実告知については、含むか否か、争いがある（消極、逐条解説消契法146頁。積極、江頭・商取引法100頁。）。

> オ　退去妨害（勧誘されている場所から消費者が退去する旨の意思を示したにもかかわらず、その場所から当該消費者を退去させないこと。消契法4条3項2号）
> ③　消費者が②アイウにより誤認し、又は②エオにより困惑したこと
> ④　消費者が③により意思表示をしたこと
> ⑤　消費者が④の意思表示を取り消すとの意思表示をしたこと

また、消極要件は以下のとおりである。

> ⑥　追認可能時点から6か月を経過していないこと（消契法7条）
> ⑦　契約締結時から5年を経過していないこと（同条）
> ⑧　追認・法定追認されていないこと
> ⑨　（積極要件②ウに対して）事業者が消費者に対し事実を告げようとしたにもかかわらず、消費者がこれを拒んでいないこと（消契法4条2項ただし書）

　詐欺や強迫における二重の故意が不要である。また、詐欺よりも弱い態様の断定的判断の提供や不利益事実の不告知の態様でも取り消しができ（詐欺の違法性は不要である。）、強迫よりも弱い態様の不退去・退去妨害でも取り消しができる（特商法には、断定的判断の提供、不退去・退去妨害はない。後述イ参照。）。ただし、不実告知等の対象事由が限られているので、類型にあてはまらない行為については、民法上の救済に俟つ必要がある（消契法6条参照。）。

不実告知等の主体は、事業者から契約の締結について媒介の委託を受けた者を含む（消契法5条）ので、販売業者が、個別クレジット契約を締結させた場合、消契法が個別クレジット契約にも直接適用され、取り消しが可能である（特商法ハンドブック776頁）。
　　イ　特定商取引法上の意思表示の取消し
　特定商取引法上の意思表示の取消し（特商法9条の3）の積極要件は、

① 「訪問販売」に該当すること
② 特商法6条1項各号の事項につき不実告知又は、同項1号から5号の事項につき事実不告知
③ ②により消費者が誤認したこと
④ ③により消費者が意思表示をしたこと

であり、消極要件は、

⑤ 誤認に気づいてから6か月を経過していないこと
⑥ 契約締結の時から5年間を経過していないこと
⑦ 追認・法定追認されていないこと
⑧ 適用除外に該当する事由がないこと

である。
　消費者契約法の取消しと異なり、事実不告知には、利益事実の告知の要件が要求されておらず、また、不実告知の対象となる「重要事項」に、動機たる「契約の締結を必要とする事情に関する事項」が含まれることが明文化された（特商法6条1項6号)[13]。

個別クレジット契約が締結された場合は、割賦販売法にも、35条の3の13ないし16に、同様の規定があり、同時に取消しができる。

　　ウ　公序良俗・信義則違反

　無効を招来するものとして、公序良俗（民法90条）・信義則（民法1条2項）違反がある。各種の取締法規（消費者法制上のもの[14]を含む。）の違反は、直ちに契約の効力を阻却するものではないが、他の事情とあわせ、公序良俗違反あるいは信義則違反により無効と判断される場合がありうる。

　デート商法で、時価10万円程度の指輪等を、157万円余で販売し、約219万円のクレジットを組ませた行為が、公序良俗違反として、売買契約が無効（クレジット契約は目的を失って失効。）とされた裁判例がある（名古屋高判平成21年2月19日判時2047号122頁消費者法百選35）。

　（2）　解除・取消し・無効の効果

　債務不履行に基づき契約を解除し、意思表示を取消し、契約が無効となった場合、その効果は、基本的には民法上の規定によることとなる。既履行部分があった場合、その清算は、原状回復（民法545条。ただし継続的契約の場合は、将来に向かっ

13　特商法6条1項各号には、商品の種類・性能・効能・商標・製造者名・販売数量・必要数量、権利や役務の種類・内容・効果（同項1号、特商規6条の2）、対価（特商法6条1項2号）、支払方法（同項3号）、引渡移転提供時期（同項4号）、クーリング・オフを含む解除に関する事項（同項5号）、契約締結の必要性に関する事項（同項6号）、その他判断に影響を及ぼす重要事項（同項7号）が掲げられている。6号には、「床下が腐っている」「このままでは雨漏りする」「法律上必要である」「アルミ鍋は有害である」「○○省が決めた」などと告げる行為が該当する（特商法解説74頁）。

14　なお、特商法7条4号、特商規7条2号は、「老人その他の者の判断力の不足に乗じ、訪問販売に係る売買契約又は役務提供契約を締結させること」を禁止している。

て契約関係を解消する、解約（告知）となる。）、不当利得（民法703条、704条）の法理によって解決されることとなる。

　たとえば、消費者が商品の売買において、消費者が解除するまでに使用できた利益（使用利益）や、リフォーム契約によって、消費者が解除するまでになされた仕事（出来高）については、その価値を消費者が事業者に対して、返還しなければならないこととなる。必要でなかったとしても、現に役務の提供を受けた場合、その役務の相当の対価を金銭で返還することとなり、代金と相殺される。

　これが消費者保護の趣旨にもとることは明らかであり、特商法において、「契約の締結を必要とする事情に関する事項」に関する不実告知があった場合、取り消すことができるという規定（特商法9条の3第1項1号、6条1項6号）を置いた趣旨が没却される。

　これを制限する法理としては、ア）クーリング・オフの清算ルールを類推適用する、イ）事業者の不当利得返還請求につき信義則・公序良俗違反とする、ウ）なされた仕事について消費者にとっての主観的価値を基準に低く評価する、エ）利得を「押し付けられた利得」とし返還請求を認めない、オ）悪意であっても現存利益の返還に縮減すること等が考えられている（特商法ハンドブック747頁、丸山絵美子「消費者契約における取消権と不当利得法理(1)」「同（2・完）」筑波ロー・ジャーナル創刊号（2007）109頁、同2号（2007）85頁）。

4　事例の検討

　事例では、いずれも、消費者が自宅で契約を締結（あるいは契約の申込み）をしている（「家庭訪販」）ので、訪問販売にあたる。

　最後の契約から2週間が過ぎているので、法定書面が交付されていれば、いずれも解除できない。しかし、法定書面が交付されておらず、あるいは、法定書面に重大な不備があり、又はクーリング・オフ妨害があった場合には、クーリング・オフ期間が開始されていないことになるので、この点での精査が必要である。

　また、1戸につき、2か月半の間で、6件合計約1,300万円の工事をすることは、過量であると考えられるので、過量販売解除も検討すべきである。過剰となった時点や、事業者が異なる場合の過剰性の認識を検討すべきである。

　個別クレジット契約をしている場合、クーリング・オフをするときは、個別クレジット契約をクーリング・オフすれば足り、過量販売に基づく解除をするときは、個別クレジット契約を解除した後に、過量販売契約を解除することが望ましい。

　クーリング・オフや過剰販売解除ができない場合でも、「今年の梅雨に雨漏りする危険が大きい」などと「契約の締結を必要とする事情に関する事項」につき不実告知しているので、特商法に基づき、意思表示の取消しを主張することが可能と考えられる。

　商品又は役務と対価とが著しく不均衡である等、違法の程度が著しい場合等には、公序良俗違反や信義則違反による無効の主張も考えられるところである。

5　その他の救済

なお、消費者契約に関する救済としては、一般的に、その他、十全な履行を求め、債務不履行に基づき解除若しくは損害賠償を請求し、不当条項の無効（消契法8条ないし10条）を主張し、又は、適合性原則違反・説明義務違反等の不法行為による損害賠償を請求することが考えられる。

Q2 認知症と意思表示

認知症であるＢさんのもとに、都会にでてきていた息子が帰ったところ、Ｂさんは、所有していた賃貸用マンションを実勢価格の半分以下の価格で売却する契約を締結してしまったようである。そのうえ、Ｂさんによると代金も受け取っていないようである。息子としては、Ｂさんのためにこのマンションを取り返したい。どうすればよいか？

Ｂさんが遺言をする場合、注意すべき点はあるか？

A 認知症でＢさんの判断能力が著しく低下していたこと、契約がＢさんにとって著しく不利であり、これを正当化するような事情がないこと等を主張し、意思無能力、契約の不成立又は公序良俗違反を主張すべきである。

Ｂさんが、遺言の内容及び当該遺言に基づく法的結果を弁識、判断するに足りる能力を遺言のときに有していれば、遺言をすることができるが、公正証書遺言とすること等の配慮をすべきである。

第1　認知症と意思能力

　認知症を患った高齢者の場合、特に事業者側に欺罔し困惑させる等の行為がなくとも、不合理な契約を締結してしまうことがありうる。このような場合、契約の無効ないし不成立の主張をすることが考えられる。

　意思能力を欠く人が行った法律行為は、無効である（大判明治38年5月11日民録11輯706頁）。そして、そのような場合、契約をする意思をもつことすらできないのであるから、意思の合致がないとして、契約不成立とすることが考えられる。

　また、事業者等が、判断能力が減退した高齢者の無知・無理解あるいは迎合的な傾向に乗じて、高齢者に著しく不利な契約を結ばせた場合、暴利行為として、公序良俗に反し、無効とされる場合もある。

　意思無能力の立証責任は無能力を主張する側（高齢者）が負う。また、契約の不成立や公序良俗違反についての主張についても、高齢者が立証に近いまでの証拠を提出しなければならないと考えられる。

　そうであるところ、認知症等の精神上の障害があったとしても一時的に回復する場合があるから、認知症に罹患していることに加えて、契約締結当時判断能力がなかったことを立証する必要がある場合が多い（以下に見るように、考慮される要素は、意思無能力・契約不成立・公序良俗違反との法律構成にかかわらず、ほぼ同様である。）。

1　意思無能力

　東京地判平成20年12月24日判時2044号98頁は、高齢者が、余剰価値2億4,000万円以上の不動産を、5,000万円で売却する売買契約を締結したことにつき、(1)対価の点で契約の内容が著しく不利であり、合理的判断力を有する者の行動としては理解しがたいこと、(2)契約の2か月弱後に医師によって中等度ないしやや高度の老人性認知症と診断され、契約の半年ほど前から当該不動産の賃借人に対する電気代および水道代の請求をしなくなったこと等から契約当時認知症罹患しており、理解力、判断力は相当に衰えていたと推認できること、(3)本件売買契約の代金が支払われた事実を認定できない（にもかかわらず、所有権移転登記に必要な書類を全て交付している）ことに加え、(4)本件売買契約を締結すべき特段の事情が認められないことを判示し、意思無能力を認定している。

　他方、東京地判平成8年11月27日判時1680号120頁は、痴呆症状を呈するようにはなっていたものの、常時判断能力を喪失していたと断ずることには躊躇を覚える等として、代理権授与の意思表示を有効としている。

　裁判例は、意思能力の有無について「問題となる個々の法律行為の内容に従って、その難易度や重大性などを考慮して、行為の結果を正しく認識できていたか否かということを中心に判断されるべきものであるとしながら、具体的には、法律行為の内容、表意者の年齢、知能程度、健康状態、その意思表示がされるまでの経緯、どのような状況でその意思表示がされたか、相手方の事情など、すべての事情を総合的に考察して判断して」いるなどと評されている（酒井正史「判批」別冊判タ29号

29頁）[16]。

契約締結前後の言動や診断から、認知症であったことを認定（推認）することのほか、認知症の程度にもよろうが、意思表示当時現に判断能力がなかったことを推認させる事情として、契約内容の著しい不利益性等を要求しているものとみられる。

2　契約不成立

契約の成立を否認した場合、契約書があり、印影が高齢者の印章による場合、あるいは高齢者本人の署名がある場合、文書の成立の真正（文書が高齢者の意思に基づいて作成されたこと）が推定され（民訴228条4項）、当該契約書の内容どおりの意思表示をしたことが一応証明されたこととなる。

たとえば、名前を書くことは、高齢者の意思に基づいていたとしても、これにより契約を締結する意思がなかった（意思を有することが不可能であった）と言う主張であれば、民訴228条4項の推定（法定証拠法則であり、覆すには反証で足りる。）を覆せばよいこととなる。

東京地判平成10年10月26日金法1548号39頁は、老人性痴呆の高齢者が連帯債務者として署名、押印したローン契約書及び抵当権設定契約書について、(1)79歳にして30年の分割弁済のローンの連帯保証をしたこと、(2)ローンの使途と推定相続人の利益状況の関係が不合理であること、(3)痴呆のため判断能力が著し

---

[16]　意思無能力の判断要素は、精神上の障害の存在・内容・程度のほか、①年齢②契約前後の生活状況や言動等③契約締結の経緯④契約の動機・理由⑤相手方との関係⑥契約内容の合理性⑦契約内容の理解の容易性⑧契約締結時の状況⑨契約の相手方の認識等が挙げられている（髙村浩編『民事意思能力と裁判判断の基準』20頁）。

く低下していたこと、(4)高齢者が署名捺印をさせられた旨発言していたこと等から、署名は判断能力の欠如を利用した主債務者代表者の強制のもとに行われたものと推認でき、契約意思の合致があったとは言い難い、として、高齢者作成部分の文書の成立を否定している。

3　公序良俗違反

大阪高判平成21年8月25日判時2073号36頁は、85歳の高齢者が土地を売却した事例で、(1)高齢者が認知症等のために事理弁識能力が著しく低下しており、迎合的に行動する傾向があり、かつ周囲から孤立しがちであったこと、そして、このことを事業者が知り利用して契約を締結した旨、及び、(2)適正価格の6割に満たない価格であり、高齢者にとって本件契約をする必要性・合理性はなかったこと、そして、事業者は高齢者にとって一方的に不利な取引であり、大きな転売益を獲得することを企図していた旨を認定し、公序良俗違反としている。

一般に、公序良俗違反となる「暴利行為」は、(1)他人の窮迫、軽率若しくは無経験を利用し、(2)著しく過当な利益を獲得することを目的とする法律行為とされる（大判昭和9年5月1日民集13巻875頁）が、高齢者の場合でも、(1)高齢者の判断能力等の低下とこれを利用する意思（乗じる意思）と(2)著しく過当な利益を獲得することを目的とすること（給付の不均衡と利得の意図）が考慮されているといえる。

4　成年後見制度

　以上のように、高齢者の締結した特定の契約について、意思無能力、契約不成立、公序良俗違反を立証することのハードルは低くない。

　この立証困難の救済手段として、成年後見制度は非常に有益である。

　高齢者が成年被後見人である場合、日用品の購入その他日常生活に関する行為を除き、本人、本人の承継人及び後見人は、その高齢者の法律行為を取り消すことができる（民法9条、120条）。

　高齢者が被保佐人である場合、その高齢者が、法律（民法13条1項）上あるいは審判（同条2項）上保佐人の同意を要するものとされた行為を、保佐人の同意又はこれに代わる裁判所の許可（同条3項）なく行ったときは、本人、その承継人及び保佐人は、その行為を取り消すことができる（同条4項、120条）。

　高齢者が被補助人である場合、その高齢者が、審判（民法17条1項）上補助人の同意を要するものとされた行為を、補助人の同意又はこれに代わる裁判所の許可（同条3項）なく行ったときは、本人、その承継人及び補助人は、その行為を取り消すことができる（同条4項、120条）。

　なお、この取消権は、相手方から後見人等への催告（民法20条）、後見人等の追認行為（民法122条）、追認可能時から5年・行為時から20年のそれぞれの期間制限（民法126条）により、消滅する。

5　事例の検討

　事例でも、認知症でBさんの判断能力が著しく低下していたこと、契約がBさんにとって著しく不利であり、これを正当化するような事情がないこと等を主張することで、意思無能力、契約不成立又は公序良俗違反が認定される可能性がある。

　Bさんがこの無効を主張して、たとえば、所有権移転登記の抹消登記等を請求することも考えられるが、Bさんが事理弁識能力を欠く状況と判断される場合には、後見開始の申立てをして、後見人が、訴訟追行等をすることが必要である。

　なお、Bさんに、本件契約時既に後見又は保佐が開始されていれば、本件契約に係る意思表示を無条件に取り消すことができる（保佐の場合、13条1項3号に該当。）。また、Bさんに補助開始の審判がでており、不動産の処分に補助人の同意を要するとされていた場合も、無条件に取り消すことができる。

第2　認知症と遺言能力

1　説　明

　満15歳に満たない者のした遺言（民法961条）や遺言能力を欠く者のした遺言（同法963条）は、無効である。なお、成年被後見人であっても、一時的に事理弁識能力を回復した時には、医師2人以上の立会いを条件に、遺言をすることができ（同法973条）、被保佐人・被補助人であっても保佐人・補助人の同意は不要である（同法民法962条）。

　ここにいう遺言能力とは、遺言の内容及び当該遺言に基づく法的結果を弁識、判断するに足りる能力をいい（石田明彦ほか

「遺言無効確認請求事件の研究（下）」判タ1195号81頁)、その有無は遺言者の心身の状況を中心に、遺言内容（複雑さ、理解難易度)、動機、筆跡等を斟酌して判断される[17]。

2　事例の検討

認知症であるBさんも、遺言の内容及び当該遺言に基づく法的結果を弁識、判断するに足りる能力を遺言当時に有していれば、遺言をすることができる。

ただ、のちに相続人が争うことを防ぐため、公正証書遺言としたうえ、かかりつけ医の診断書を取得しておくことが望まれる（なお、口授に際しては、Bさんに、単に頷かせたり、「はい」という返事させたりするだけでなく、積極的に遺言内容を語らせる配慮をすべきである。)。また、遺言の内容は、Bさんが容易に理解できるような簡単な内容とすることが望ましいと考えられる。

（土屋裕太）

〈参考文献〉
・河上正二『民法学入門〔第2版〕増補版　―民法総則講義・序論』
　日本評論社（2014）
・消費者庁取引対策課経済産業省商務流通保安グループ消費経済企画室編
　『平成24年版　特定商取引に関する法律の解説』商事法務（2014）
・齋藤雅弘・池本誠司・石戸谷豊著

---

[17]　判断要素について、髙村浩編著『民事意思能力と裁判判断の基準』135頁は、精神上の障害の存否・内容・程度のほか、①年齢、②遺言前後の言動や状況、③遺言作成に至る経緯、④遺言の動機・理由、⑤受遺者との関係、⑥遺言内容の合理性、⑦遺言内容の理解の容易性、⑧遺言の趣旨の明瞭性、⑨遺言の筆跡・体裁、⑩遺言の作成過程等を挙げている。

『特定商取引法ハンドブック〔第5版〕』日本評論社（2014）
・廣瀬久和・河上正二編
『消費者法判例百選』有斐閣（2010）
・消費者庁企画課編
『逐条解説　消費者契約法〔第2版〕』商事法務（2013）
・江頭憲治郎『商取引法〔第7版〕』弘文堂（2013）
・久米川良子・中井洋恵・田村康正編
『消費者被害の上手な対処法〔全訂第2版〕』民事法研究会（2014）
・丸山絵美子「消費者契約における取消権と不当利得法理（1）」「同（2・完）」筑波ロー・ジャーナル創刊号（2007）109頁、同2号（2007）85頁
・澤井知子「判例展望民事法⑥　意思能力の欠缺をめぐる裁判例と問題点」判タ1146号87頁（2004）
・高村浩編著『民事意思能力と裁判判断の基準』新日本法規（2002）
・酒井正史「判批」別冊判タ29号29頁
・石田明彦ほか「民事実務研究　遺言無効確認請求事件の研究（下）」判タ1195号81頁（2006）

2

高齢者の居住問題

2　高齢者の居住問題

Q1 高齢者向け住まいの種類と契約上の注意点
高齢者Aさんは、現在は比較的元気で、自分で何でもできるが、体力の衰えを感じるようになったため、生活支援等のサービスがついた住まいに移ることを検討している。高齢者向け住まい・施設として、どのようなものがあるか？
また、契約上、どのような点に注意すればよいか？

A 高齢者向け住まいは、①介護サービスの有無、②運営主体で分類でき、後述のように様々な種類がある。Aさんとしては、介護が必要になった場合に備えて介護サービスも提供する住まいを選択するのか、介護が必要になった場合は訪問系サービスを利用するのか、移り住むのか、を勘案し、移り住む住まいを探すことが必要である。

有料老人ホームやサービス付き高齢者住宅に入居する際は、法律構成（賃借権構成か、利用権構成か）、保証人・身元引受人を誰にするのか、入居一時金等の料金体系はどうなっているのか、事業者側からの解除事由にはどのようなものがあるか等を確認すべきである。

第1 高齢者向け住まい

1 高齢者向け住まいの種類

　高齢者向け住まいは、①介護がついているか、ついていないか、及び、②運営主体という観点から、次のような分類ができる。しかし、それぞれの住まいによって想定している入居者、入居費等の条件は様々であるため、具体的な契約条項等を検討することが必要である。介護がついていない場合、一般の住宅に居住するのと同様、介護保険サービスについては、訪問系サービス（訪問介護）等を利用することとなる。

	民間	地方公共団体等
介護あり	介護付き有料老人ホーム（入居時自立型、介護型） グループホーム	介護保険3施設 ケアハウス介護型
介護なし	有料老人ホーム（住宅型） サービス付き高齢者向け住宅 シニア向け分譲マンション	ケアハウス自立型 シルバーハウジング

（1）　有料老人ホーム

　有料老人ホームは、概ね、老人を入居させている施設で、入浴、排せつ若しくは食事の介護、食事の提供、洗濯、掃除等の家事又は健康管理を提供しているものを指し（老人福祉法29条1項、老人福祉法施行規則20条の3）、このような施設は、原則として、有料老人ホームとして、老人福祉法上の規制を受ける（後述の届出をしていなくとも、老人福祉法の規律に服することとなる。）。

　老人福祉法29条により、有料老人ホームは、設置届義務（届出事項につき変更があった場合の変更届義務、廃止休止届義務）、帳簿作成保存義務、入居者等への開示義務、権利金等の

受領禁止、前払金の保全措置義務、返金ルールの入った契約締結義務、都道府県知事又は政令市・中核市長の質問・立入検査、措置命令に服する。

　老人福祉法29条9項、11項は、都道府県、政令市又は中核市に、有料老人ホームに対するある種の監督権を認めており、報告を求め、質問し、立ち入り、設備、帳簿書類等を検査することができるうえ、有料老人ホームの設置者が老人福祉法29条4項から8項まで〔帳簿作成保存義務、入居者等への開示義務、権利金等の受領禁止、前払金の保全措置義務、返金ルールの入った契約締結義務〕の規定に違反したと認めるときのほか、「入居者の処遇に関し不当な行為をし、又はその運営に関し入居者の利益を害する行為をしたと認めるとき、その他入居者の保護のため必要があると認めるとき」に、当該設置者に対して、その改善に必要な措置を採るべきことを命ずることができる（この命令に反すると、6月以下の懲役又は50万円以下の罰金が科されうる。）。各都道府県等は、有料老人ホーム設置運営指導指針を定めているが、この命令権を背景としているものと思われる。これについては、厚生労働省老健局長名で、有料老人ホーム設置運営標準指導指針（以下「標準指導指針」という。）が制定されているが、各都道府県等に対する技術的な助言（地方自治法245条の4第1項）であって、直接の法源ではないことに注意を要する。

　なお、標準指導指針（13（3））によれば、有料老人ホームは、介護付有料老人ホーム、住宅型有料老人ホーム、健康型有料老人ホームに分類され、パンフレット、新聞等において広告を行う際には、施設名と併せて表示することとされている。そ

れぞれ、次のように定義される（標準指導指針別表）。

有料老人ホームの類型及び表示事項

類型	類型の説明
介護付有料老人ホーム（一般型特定施設入居者生活介護）	介護等のサービスが付いた高齢者向けの居住施設です。介護が必要となっても、当該有料老人ホームが提供する特定施設入居者生活介護を利用しながら当該有料老人ホームの居室で生活を継続することが可能です。（介護サービスは有料老人ホームの職員が提供します。特定施設入居者生活介護の指定を受けていない有料老人ホームについては介護付と表示することはできません。）
介護付有料老人ホーム（外部サービス利用型特定施設入居者生活介護）	介護等のサービスが付いた高齢者向けの居住施設です。介護が必要となっても、当該有料老人ホームが提供する特定施設入居者生活介護を利用しながら当該有料老人ホームの居室で生活を継続することが可能です。（有料老人ホームの職員が安否確認や計画作成等を実施し、介護サービスは委託先の介護サービス事業所が提供します。特定施設入居者生活介護の指定を受けていない有料老人ホームについては介護付と表示することはできません。）
住宅型有料老人ホーム（注）	生活支援等のサービスが付いた高齢者向けの居住施設です。 介護が必要となった場合、入居者自身の選択により、地域の訪問介護等の介護サービスを利用しながら当該有料老人ホームの居室での生活を継続することが可能です。
健康型有料老人ホーム（注）	食事等のサービスが付いた高齢者向けの居住施設です。介護が必要となった場合には、契約を解除し退去しなければなりません。

注）特定施設入居者生活介護の指定を受けていないホームにあっては、広告、パンフレット等において「介護付き」、「ケア付き」等の表示を行ってはいけません。

また、有料老人ホームは、介護保険法上の特定施設入居者生活介護の指定を受けることで、介護保険の各種サービスを提供することができる（介護保険法70条、115条の２）。

特定施設入居者生活介護については、都道府県等では、従業員の員数、設備、運営等に関する基準を条例で定め（介護保険

法74条、115条の4）、これが、特定施設の指定の基準、勧告・命令の根拠、指定の取消の基準となる。都道府県等が上記条例を制定するに際し、従うべき基準等が厚生労働省令で定められている（「指定居宅サービス等の事業の人員、設備及び運営に関する基準」等）。

　（2）　サービス付き高齢者向け住宅

　高齢者向けの賃貸住宅又は有料老人ホームであって居住の用に供する専用部分を有するものに高齢者を入居させ、状況把握サービス、生活相談サービスその他の高齢者が日常生活を営むために必要な福祉サービスを提供する場合、「サービス付き高齢者向け住宅」（サ高住）としての登録を都道府県、政令市、中核市より受けることができる（高齢者住まい法5条）。

　登録基準は、高齢者住まい法7条、国土交通省・厚生労働省関係高齢者の居住の安定確保に関する法律施行規則（以下「関係規則」という。）8条以下で定められており、大きく、①規模・構造・設備に関する基準、②サービスに関する基準、③契約に関する基準、に分けられる。

　①規模・構造・設備に関する基準として、例えば、各居住部分が原則として床面積25平方メートル（一定の共用部分がある場合、18平方メートル）以上であること（高齢者住まい法7条1項1号、関係規則8条）、バリアフリー構造であること（高齢者住まい法7条1項3号、関係規則10条）、②サービスに関する基準として、少なくとも、状況確認（安否確認）サービス及び生活相談サービスを提供すること（高齢者住まい法7条1項5号）、③契約に関する基準として、後述の前払金に関する規制、事業者からの解約に関する規制など（高齢者住まい法7

2●高齢者の居住問題　**35**

条1項6号）が定められている。

　なお、都道府県、政令市、中核市は、高齢者居住安定確保計画（高齢者住まい法4条）で、関係規則による基準を強化したり緩和したりすることが出来る（関係規則15条1項）。

　上記（1）のとおり、有料老人ホームの定義は広いので、サービス付き高齢者向け住宅のほとんどは、その定義に該当し、有料老人ホームとしての規制も受けることとなる。ただし、サービス付き高齢者向け住宅として登録されている施設については、有料老人ホームの届出が不要となっている（高齢者住まい法23条）。

　（3）　シニア向け分譲マンション

　法律的には通常のマンションの売買と異ならない。高齢者向けの設備やサービスを維持する費用のため、管理費等が通常のマンションよりも高額になる傾向にあるようである。

　（4）　ケアハウス

　軽費老人ホームは、老人福祉法20条の6に定められており、無料又は低額な料金で、老人を入所させ、食事の提供その他日常生活上必要な便宜を供与することを目的とする施設（特別養護老人ホーム等を除く。）をいう。この軽費老人ホームの範疇に「公的老人ホーム」とも称されるケアハウスがある。

　（5）　特別養護老人ホーム、介護老人保健施設、介護療養
　　　　型医療施設（介護保険3施設）

　いずれも要介護者のための施設であり、それぞれ次のような特徴がある。

特別養護老人ホーム （特養）	常時介護が必要で居宅での生活が困難な人が入所して、日常生活上の支援や介護を提供する
介護老人保健施設 （老健）	状態が安定している人が在宅復帰できるよう、リハビリを中心としたケアを行う
介護療養型医療施設 （介護療養病床）	急性期の治療を終え、長期の療養を必要とする人のための医療施設

（6）　シルバーハウジング

地方自治体や都市再生機構、住宅供給公社が運営する、高齢者向けの公的賃貸住宅である。バリアフリー化と、生活援助員（LSA（ライフサポートアドバイザー））による相談等の日常生活支援サービスが、一般の公的賃貸住宅にない特徴である。

（7）　養護老人ホーム

65歳以上の者であって、環境上の理由及び経済的理由（生活保護を受けていること、住民税の所得割の額がないこと、又は、災害その他の事情により世帯の生活の状況が困窮していること）により居宅において養護を受けることが困難なものが対象者であり（老人福祉法20条の4、11条1項1号、老人福祉法施行令6条）、主には生活保護受給者が入居している。市区町村の措置により入所する。

2　有料老人ホーム・サ高住の契約の注意点

（1）　法律構成

有料老人ホームでは、賃貸借契約となっているものと利用権契約となっているものの2種類がある。

賃貸借契約であれば、借地借家法が適用されるため、居室に関する権利が強くなり、事業者側の都合により、解約され、または居室の移動を強いられることはない。

2●高齢者の居住問題　37

利用権契約では、居室および共用部分の利用及びサービスの利用権が契約の目的となる。居室の支配権はないため、施設側の都合により、居室の移動を強いられることがある。入居者が死亡した場合、相続の対象とならない。

いずれの性質を有する契約かは、確認しなければならない。

（２）　保証人・身元引受人

通常の借家と同様、賃料利用料等の支払いを確保するため、連帯保証人が求められる。連帯保証人となってくれる人が見つからない場合、賃貸住宅であれば、一般財団法人高齢者住宅財団の家賃債務保証制度を利用することができる場合がある。

入居者が亡くなった場合の、遺体の対応や遺留品の処分の観点から、身元引受人も設定を求められる。これについて、見つからない場合、代替的な手段での対応をしている事業者もあるようである（日弁連Ｑ＆Ａ95頁。死後事務委任契約の有効性につき、最判平成4年9月22日金法1358号55頁）。

（３）　料金体系と入居一時金

従来、有料老人ホームというと、入居一時金が必要という印象であったが、近年、入居一時金を徴収せず、月々の費用のみとする契約にしている老人ホームも多くなってきている。

入居一時金を支払うことで、生涯にわたり、月々の利用料が安くなるので、「長生きリスク」を事業者側に転嫁できるという効果があり、入居者としても、合理性を有する契約であると考えられる。この点、入居者が長生きすればするほど、事業者としては、（新しい入居者を迎えた場合に比し）損をするので、入居者へのケアが過少になる、というコンフリクトも指摘されるところではある。

さて、歴史的に退去する場合の入居一時金の返還については、トラブルが多かったため、有料老人ホーム・サービス付き高齢者向け住宅の双方において、ルールが規定された。
　ア　有料老人ホームの場合
　入居一時金は、家賃又は施設の利用料並びに介護、食事の提供及びその他の日常生活上必要な便宜の供与の対価（前払金）と整理され（老人福祉法29条7項、老人福祉法施行規則20条の9）、これ以外の権利金等の金員を受領してはならないこととされた（老人福祉法29条6項。ただし、経過措置として、平成24年3月31日までに設置の届出がされた有料老人ホームにあっては、平成27年4月1日以降に受領する金員から適用される。老人福祉法（平成23年法律72号）附則10条3項）。
　そして、当該前払金を受領する場合は、その保全の措置をとる必要がある（老人福祉法29条7項）。
　返金額についても、入居後3か月経過前においては、前払い金から日割の賃料等（1か月を30日とする）を控除した額、入居後3か月以降想定入居期間前においては、想定入居期間（規則においては「一時金の算定の基礎として想定した入居者が入居する期間」と規定されている。）までの未経過期間の賃料等の日割額相当を返還することとなる（老人福祉法29条8項、老人福祉法施行規則21条）。つまり、入居後3か月経過前に退居する場合については、日割分以外を返還することとされている反面、3か月以降に退居する場合については、想定入居期間の未経過期間の日割額以外を事業者が留保できるものとして、3か月経過時点における前払金の初期償却を是認しているといえる。初期償却部分は、長生きリスクの保険料部分であることに

なるが、これが、想定入居期間以降の日常生活上必要な便宜の供与の対価といえるかは、微妙である。当該部分は、解除等により不当利得として返還すべきとも思える（日弁連「有料老人ホーム及びサービス付き高齢者向け住宅における入居一時金の想定居住期間内の初期償却に関する意見書」）が、老人福祉法施行規則21条が「法律上の原因」となるとも考えられる（老人福祉法施行規則21条は老人福祉法29条6項に反し無効とも言えそうである。）。

　イ　サービス付き高齢者向け住宅の場合
　サービス付き高齢者向け住宅としての登録基準として、入居契約に関する基準が定められている（高齢者住まい法7条1項6号）が、この中で、（ハ）敷金並びに家賃等（家賃又は高齢者生活支援サービス提供の対価）及び入居に係る契約の期間にわたって受領すべき家賃等の前払金を除くほか、権利金その他の金銭を受領しない契約であること、（ニ）前払金の算定根拠の基礎及び返還金額の選定方法を明示した契約であること、（ホ）入居後3か月経過前においては、前払金から日割の賃料等（1か月を30日とする）を控除した額、入居後3か月以降想定入居期間前においては、想定入居期間（関係規則においては「前払金の算定の基礎として想定した入居者が入居する期間」と規定されている。）までの未経過期間の賃料等の日割額相当を返還することとなる契約であること（関係規則12条）、が要求されている。

　また、前払金につき、保全の措置をとる必要があること（高齢者住まい法7条1項8号）も有料老人ホームと同様である。

（4） 事業者側からの解除事由等

　入居者としては、一旦入居した場合に、移動や退去しなければならない事態は、できるだけ避けたいところである。そこで、事業者側からの解除事由等に注意すべきである。

　法令上、サービス付き高齢者向け住居は、登録基準として、事業者が、入居者の病院への入院又は入居者の心身の状況の変化により居住部分を変更し、又はその契約を解約することができない契約であることが要求されている（高齢者住まい法7条1項6号ヘ、関係規則13条）。

　有料老人ホームについては、契約書に定める設置者の契約解除の条件は、信頼関係を著しく害する場合に限るなど入居者の権利を不当に狭めるものとなっていないこと、また、入居者、設置者双方の契約解除条項を契約書上定めておくことが求められている（標準指導指針12（2）四）。

Q2 内縁の配偶者と借家権
借家人であった高齢者甲さんが死亡した場合、甲さんと同居していた内縁の妻Bさんは、その後もその借家で暮らすことができるか？

A 多くの場合、Bさんは、その後もその借家で暮らすことができる。ただし、甲さんの借家権が終身借家権であった場合は、死亡を知ってから1か月以内に賃貸人に対し引き続き居住する旨の申出をする必要がある。

第1 内縁の配偶者と借家権

1 相続人がいない場合

Bさんは、建物賃貸人に対抗することのできる占有正権限がないため、建物賃貸人の建物明渡請求に応じなければならなくなってしまうのが原則である。

そこで、借地借家法36条1項は、①居住の用に供する建物（公営住宅を除く。最判平成2年10月18日民集44巻7号1021頁）の賃借人が②相続人なしに死亡した場合において、③その当時婚姻又は縁組の届出をしていないが、建物の賃借人と事実上夫婦又は養親子と同様の関係にあった④同居者が、建物の賃借人の権利義務を当然に承継することを定めている。

当然に発生する効果なので、内縁の妻・夫あるいは事実上の

養子・養親が、賃貸借上の義務を負いたくない場合には、相続人なしに死亡したことを知った後1か月以内に建物の賃貸人に反対の意思を表示しなければならない（同条1項ただし書）。この意思表示は遡及効を有する。

なお、この場合、建物の賃貸借関係に基づき生じた債権又は債務は、建物の賃借人の権利義務を承継した者に帰属することとされている（同条2項）ので、将来に向かっての借家契約上の権利義務のみでなく、未払賃料債務や、承継前の原因に基づく敷金返還請求権、有益費償還請求権、造作買取請求権等も、新賃借人に帰属する。

なお、以上の借地借家法36条1項を排除する特約は有効である（借地借家法37条参照。稲本洋之助ほか編『コンメンタール借地借家法　第3版』283頁）。

2　相続人がいる場合

これに対し、相続人がいる場合、賃借人に相続が発生すると、賃借権は、民法の原則（896条）どおり、相続人に承継される（終身借家契約ではこれが排除される（高齢者住まい法52条）。）。そして、借地借家法36条については、上記②の要件を欠くため、同条の適用はない。

そこで、相続人でないが賃借人と同居していた者の保護が問題となるが、判例（最判昭和42年2月21日民集21巻1号155頁など）は、建物賃借人の内縁の妻は、賃借人が死亡した場合に、賃貸人に対して、相続人の賃借権を援用できる、としている（「援用理論」）。

しかし、同判例によれば、借家契約上の賃借人の地位を承継

するのは、あくまで相続人であることから、内縁の配偶者は賃料債務を負わない。

　相続人に対する関係では、内縁の配偶者の居住は、不法行為を構成しあるいは不当利得となることから、実質的には、内縁の配偶者が賃料を負担することとなる。なお、賃料が支払われなければ、借家契約が解除されてしまうおそれがあることから、内縁の配偶者は、賃貸人に対し、賃料の第三者弁済ができる（民法474条1項）。

　賃貸人が相続人との間で賃貸借契約を合意解約（東京地判昭和63年4月25日判時1327号51頁）し、あるいは相続人が賃借権を放棄した場合、賃貸人がこれを主張して明渡しを請求したとしても、権利の濫用となることがある。

　内縁の配偶者の居住は、相続人との関係では、不法占有なので、原則によれば、相続人は、内縁の配偶者に対して、明渡請求ができることとなる。ただ、この場合も、権利濫用と判断される場合が少なからずあるものと思われる（最判昭和39年10月13日民集18巻8号1578頁等）。

3　終身借家権の場合

　終身借家権又は期間付死亡時終了建物賃貸借において、借家人が死亡した場合、同居者（配偶者（内縁を含む。）又は60歳以上の親族）は、死亡を知った日から1か月、暫定的に居住を続けることができ（高齢者住まい法61条）、そして、その1か月以内に、賃貸人に対して引き続き居住する旨の申出を行ったときは、賃貸人は、その配偶者等との間で従前の賃貸借と同一の条件で契約を締結する義務を負う（同法62条）。

4　まとめ

　甲さん死亡後も、甲さんの内縁の妻Bさんは、引き続き居住できる場合が多いと思われる。なお、終身借家権の場合は、1か月以内に賃貸人に対し、引き続き居住する旨を申し出る必要がある。

Q3 孤独死と相続人の責任

一人暮らしの高齢者Cさんは、借家で誰にも気づかれることなく亡くなった。死亡後数か月経過して発見されたが、Cさんの相続人であるDさんは、この借家の賃貸人から、「多額の清掃費用がかかったし、すぐには他人に貸せないので、損害を賠償してほしい。」といわれている。何らかの支払いをしなければならないか？

A Dさんは、Cさんの原状回復義務を相続し、清掃費用を負担しなければならない可能性が高いが、相続放棄により免れ得る。ただし、DさんがCさんの（連帯）保証人となっていた場合は、保証義務の履行として、原状回復費用として清掃費用を負担しなければならない可能性が高い。

第1 孤独死と相続人の責任

1 損害賠償請求

自殺に関しては、借家内で自殺をすることにより、当該物件の客観的価値が減少すると考えられるので、貸借物の保管義務（善管注意義務）の内容として、自殺しない義務が生じ、これに反して自殺をすれば、損害賠償義務を負うおそれがある。

これに対し、住居として使用するに際しては、自然死が起こることも通常であり、当然には損害賠償義務は生じないと解さ

れる（東京地判平成19年3月9日判例秘書登載）。居住用賃貸物件であれば、生活の本拠とすべく賃借している訳であり、自宅での看取り等、高い蓋然性で自宅での死亡が発生する状況であったとしても、これを保管義務違反と評価するのは困難と考えられる。

　なお、東京地判昭和58年6月27日判タ508号136頁は、損害賠償義務を否定したが、自然死だから損害賠償義務は生じないと判断したわけでなく、亡賃借人は、「病状が軽快して退院して独りで生活を始めたものであるから、当時、自分が病気で死亡することを認識していたとは考えられず、また、このことを予見することができたとも認められない（予見することができたことが認められる証拠はない。）。したがって、」「善管注意義務違反の主張は、その前提事実が認められない以上、理由がない」と、故意・過失がないという構成をとっている。

2　原状回復義務

　他方、自然死による物件の汚損等は、通常損耗といえず、原状回復費用は負担しなければならない可能性が高い（前掲東京地判昭和58年6月27日）。

　建物賃貸借の原状回復義務に関するリーディングケースである最判平成17年12月16日判時1921号61頁は「建物の賃貸借においては、賃借人が社会通念上通常の使用をした場合に生ずる賃借物件の劣化又は価値の減少を意味する通常損耗に係る投下資本の減価の回収は、通常、減価償却費や修繕費等の必要経費分を賃料の中に含ませてその支払を受けることにより行われている」という。

「社会通念上通常の使用」、「通常損耗」が、原状回復不負担の要件であると考えた場合に、その意義は一義的に明らかではない。

原状回復義務は、賃借人の義務違反による毀損に限られるとする見解があり（島田佳子「建物賃貸借契約終了時における賃借人の原状回復義務について」判タ1217号56頁）、この見解によると、本設問のケースでは、相続人が原状回復費用を負担しないという結論になると思われる。東京高判平成13年1月31日（Westlaw登載）は、賃借人が貸室内で刺殺されたケースで、過失がないとして、原状回復義務についても、請求を否定している。

しかし、国土交通省「原状回復をめぐるトラブルとガイドライン」（再改訂版）においても、「その他通常の使用を超えるような使用による損耗・毀損」「賃借人の住まい方、使い方次第で発生したりしなかったりする」建物価値の減少は賃借人の負担とし、「喫煙等によりクロス等がヤニで変色したり臭いが付着している場合は、通常の使用による汚損を超える」「場合が多い」とされているように、原状回復義務を義務違反による場合と限定する必然性はない、とも考えられ、この場合、相続人が原状回復費用を負担することとなる。

また、最判にいう「減価償却費や修繕費等の必要経費分を賃料の中に含ませてその支払を受け」ているか否かがメルクマールとすれば、死亡の場合の清掃費用等について、減価償却費や修繕費等の必要経費分として賃料に含ませて支払を受けているか否かは、個別の事情により判断が分かれうるところである。

高齢であることを理由に高額の賃料が約定されている場合が

あれば、死亡時の費用を賃料に含ませて支払いを受けているとして、原状回復義務が生じないケースもあり得るのではないかと考えられる。

3 相続放棄

賃借人が原状回復義務を負うとしても、相続人は、相続放棄すれば、当該原状回復義務を免れることができる。

しかし、賃借人の（連帯）保証人となっていた場合、賃借人と同内容の義務を負うため、通常損耗とならない場合の原状回復義務等については、相続放棄により免れることはできないこととなる。

4 まとめ

賃借人C自身を債務者とする損害賠償義務は発生しないと考えられるが、原状回復義務は負う可能性が高く、これをCの相続人Dは相続する。この責任については、Dは相続放棄することで免れ得るが、Dが賃貸借契約について保証人となっている場合、原状回復義務が発生すれば、これから逃れることはできない。

なお、入居者総合保険等の名称で、家財保険・賃貸人への賠償責任保険と、相続人が請求者となる死亡時の清掃等費用の補償等を合わせた保険商品も販売されている（賃貸人が直接請求できる特約も存在する）。また、賃貸人向けの事故対応費補償、賃料補償の保険も存在するようである。

（土屋裕太）

〈参考文献〉
・一般財団法人高齢者住宅財団『高齢者住宅必携平成24年版』(2012)
・日本弁護士連合会高齢者・障害者の権利に関する委員会編『高齢者・障がい者の住まいQ&A』あけび書房(2012)
・岡本典子『後悔しない高齢者施設・住宅の選び方』日本実業出版社(2014)
・「特集高齢者の住まいの確保」実践成年後見No.37(2011)

3

遺言書等作成の工夫

3　遺言書等作成の工夫

Q1　夫（甲）を亡くした妻（乙）は、自宅とアパート1棟を相続した。その後、再婚相手（丁）が現れたが、妻（乙）は、娘（丙）に不動産を相続させたいと考え、再婚をためらっている。どうすればよいか？

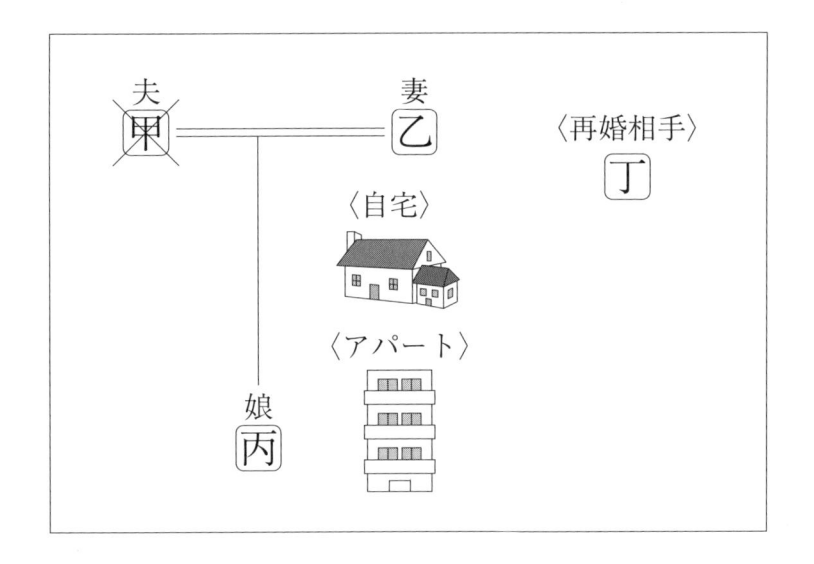

A　乙は、不動産（自宅とアパート）を娘丙に相続させるという内容の遺言書を作成することにより、安心して再婚相手と結婚することができます。なお、乙が再婚相手と結婚した場合、再婚相手には夫として遺留分がありますので、この点は別途考慮が必要です。遺留分については、Q4において後述します。

遺言とは、一定の方式に従った遺言者の死後の法律関係を定める最終意思の表示をいいます（有斐閣「法律用語辞典」）。
　本件において、乙が、遺言書を作成せずに、再婚相手と再婚すれば、乙の相続人は、再婚相手丁と娘丙となります（それぞれ法定相続分は2分の1ずつです）。この場合、乙が死亡すれば、再婚相手丁と娘丙が不動産（自宅とアパート）の共有者（それぞれ共有持分は2分の1ずつ）となり（民法898条）、遺産分割協議、家庭裁判所の調停や審判を経て、具体的に誰が何を相続するかを決めることになります（民法907条）。
　これに対して、乙が、不動産（自宅とアパート）を丙に相続させるという内容の有効な遺言書を作成すれば、乙が死亡した時点で、原則として、丙が不動産（自宅とアパート）の所有権を取得することになります。
　このとおり、乙は、遺言書を作成しておくことにより、亡き夫甲の財産を、再婚相手ではなく、娘丙が相続するように指定でき、安心して、再婚相手と結婚することができます。
　なお、遺言は、要式行為であり、民法に定めた方式に従わなければ、無効となりますので（民法960条）、注意が必要です。民法に定めた方式については、Q6において後述します。また、遺言は、遺言者の死亡前には、法律上の権利を生じさせるものではなく、いつでも撤回することができます。

Q2 親（甲）は、会社Ａを、100％株主かつ代表取締役として経営してきた。親（甲）は、自分が他界した後、親友である実業家（丁）に、会社Ａを譲りたい。一方で、実業家（丁）から、ある程度の金額を、長男（乙）と長女（丙）に支払わせたい。どうすればよいか？

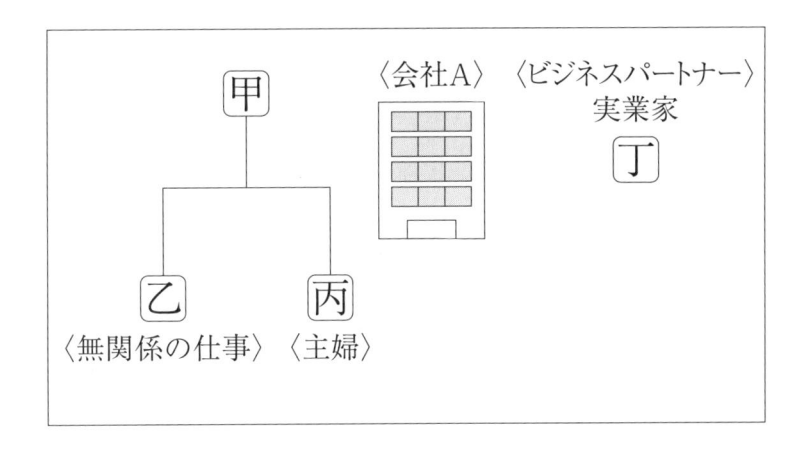

甲

〈会社Ａ〉　〈ビジネスパートナー〉
　　　　　実業家
　　　　　　丁

乙　　丙
〈無関係の仕事〉〈主婦〉

A 遺言書において、丁に対して、会社Ａが発行する全株式を負担付で遺贈することによって、目的を達成することができます。但し、丁は遺贈を放棄する（遺贈を受けないことを選択する）ことができますので、負担付贈与は、丁が確実に遺贈を受けることが予想される場合にのみ検討すべき方法です。なお、乙及び丙には遺留分がありますので、この点は別途考慮が必要です。遺留分については、Ｑ４において後述します。

負担付遺贈とは、受贈者が一定の義務を負担する遺贈です。
　本件において、甲が、丁が一定の義務（例えば、丁が、乙及び丙に対して、それぞれ2,000万円ずつ支払うこと）を負うことを定めた上で、会社Ａが発行する全株式を丁に対して遺贈し、丁がその遺贈を承認すれば、丁は、その遺贈の目的物の価額を超えない限度でのみ、負担した義務を履行する責任を負うことになります（民法1002条１項）。
　丁が、負担した義務を履行しないときは、乙及び丙は、相当の期間を定めてその履行を催告することができ、丁が相当期間内に負担を履行しないときには、乙及び丙は、その負担付遺贈に係る遺言の取消しを家庭裁判所に請求することができます（民法1027条）。
　この点、本件における甲の目的を達成するために停止条件付遺贈とすることも可能です。すなわち、一定の条件（例えば、丁が、乙及び丙に対して、それぞれ2,000万円ずつ支払うこと）を満たしたことを条件に、遺贈の効果が発生すると規定することも可能です。この場合、条件が満たされない限り、遺贈の効果が発生しませんので、会社Ａが発行する全株式は、一旦は、乙及び丙が相続することになります。

Q3 地主（甲）の相続人は、長男（乙）と長女（丙）である。（甲）は、相続税のことを考え、所有している多くの土地を（乙）の長男（丁）に遺贈したいと考えている。また、（甲）は、預貯金を長女（丙）に相続させたい。どうすればよいか？

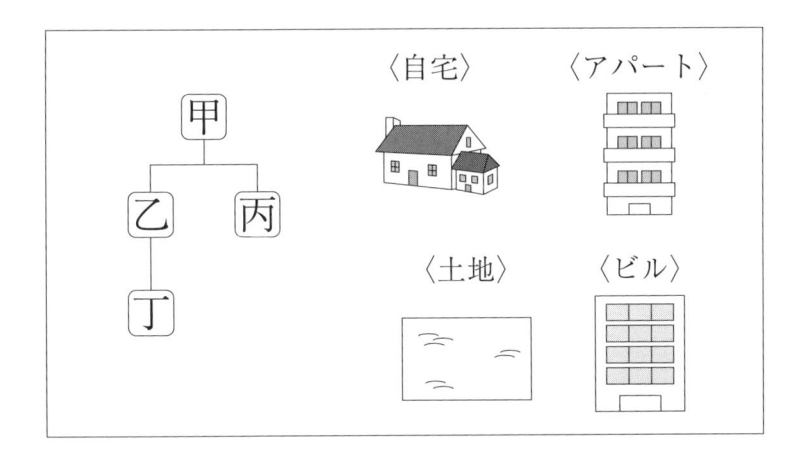

A 甲は、不動産を丁に遺贈し、預貯金を丙に相続させる旨の遺言書を作成すべきです。また、甲が遺言執行者を指定すれば、不動産の丁への所有権移転登記手続を、遺言執行者と丁が、乙や丙の関与や協力を必要とせずに完了することが可能となります。なお、乙及び丙には遺留分がありますので、この点は別途考慮が必要です。遺留分については、Q4において後述します。

第1　遺言執行者と遺言執行の必要性

　遺言執行者とは、遺言の内容を実現するために一定の行為をする必要がある場合、それを行うために特に選任された者をいいます（(有斐閣「法律用語辞典」)）。

　遺言の内容には、以下のとおり当然に効力を発生するもの、及び執行行為を経なければ効力を発生しないものがあり、執行行為を経なければ効力を発生しないものには、遺言執行者も相続人も執行できるもの、及び遺言執行者でなければ執行できないものがあります。

1　当然に効力を生じるものの例

（1）遺産分割の方法の指定・指定の委託（民法908条）

　　不動産Aを相続人Bに「相続させる」趣旨の遺言は、原則として、遺産分割の方法が指定されたものと解されます。したがって、改めて、相続人間で遺産分割をしなくても、相続人Bが不動産Aの所有権を確定的に取得できます（Q7参照）。

（2）相続分の指定・指定の委託（民法902条）

（3）遺言執行者の指定・指定の委託（民法1006条）

2　遺言執行者も相続人も執行できるものの例

　以下に例示するものについては、遺言執行者が指定された場合、相続人は遺言を執行する権限を失いますので、遺言執行者が遺言を執行することになります。これに対して、遺言執行者が指定されていない場合、及び、遺言執行者として指定された者が辞退した場合には、相続人が共同して遺言を執行することになります。この場合、相続人のうち、誰か一人でも執行に協力しない場合には、執行が滞ることになります。

（1）遺贈（民法964条）
（2）信託の設定（信託法3条2号）

3　遺言執行者でなければ執行できないものの例

（1）遺言による認知（民法781条2項、戸籍法64条）
（2）遺言による推定相続人の廃除・取消（民法893条、894条2項）
（3）遺言による財団法人設立のための財産の拠出（一般社団法人法152条2項、157条1項）

第2　遺言執行者を指定する利点

　遺言執行者でなければ執行できない内容を遺言する場合には、遺言執行者を指定せざるを得ません。また、遺言執行者も相続人も執行できる内容を遺言する場合にも、遺言執行者を指定する利点があります。すなわち、相続人が執行する場合、相続人が共同して行うことになりますので、相続人のうち、誰か一人でも執行に協力しない場合には、遺言の内容を実現することができなくなります。その場合、受益者が、遺言の内容を実現するためには、訴えを提起するなどして、強制的に権利を実現する必要があることになります。これに対して、遺言執行者が指定された場合には、相続人は、遺言を執行する権限を失いますので、反対する共同相続人がいる場合であっても、遺言執行者が、遺言を執行してその内容を実現することができます。

Q4 （甲）の相続人は、長女（乙）と長男（丙）である。
（甲）は、遺言を作成して、（甲）と同居している（乙）に、自宅の土地と建物を全て相続させたいと考えている。（丙）には遺留分があると聞いたが、（乙）が土地と建物を全て相続する方法はあるか？

　なお、以前、（甲）は、（丙）が自宅を建てた時に、（丙）に資金を一部援助した。

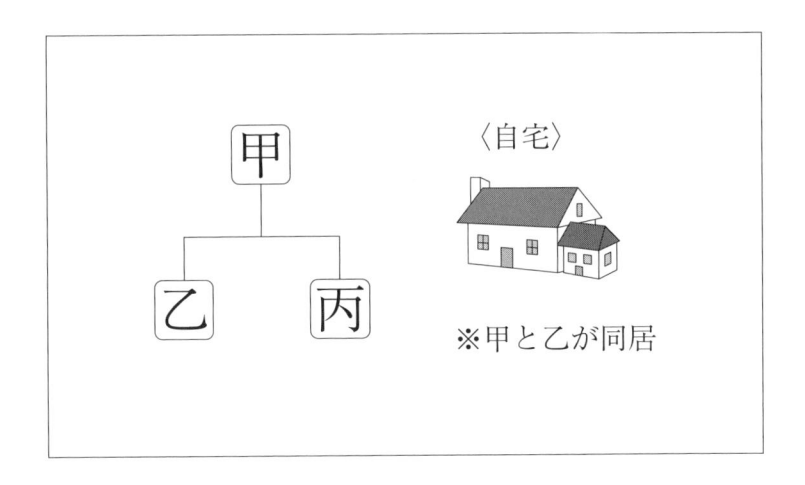

〈自宅〉

※甲と乙が同居

A 乙に、土地及び建物を全て相続させる方法としては、甲が、土地及び建物を乙に相続させる旨の遺言を作成したうえで、丙に遺留分を放棄させる方法等が考えられます。

3●遺言書等作成の工夫　61

第1　遺留分とは

　遺留分とは、一定の相続人が遺産を受けることを保証するために、遺産について法律上必ず留保されなければならないとされている一定割合のことをいいます（有斐閣「法律用語辞典」）。遺留分が認められるのは、遺言者の配偶者（妻・夫）、直系尊属（父母・祖父母等）及び直系卑属（子・孫等）で、兄弟姉妹には認められません（民法1028条）。遺言者が、遺留分を侵害する遺言を作成した場合、侵害された者（及びその承継人）は、遺留分を侵害する限度で、その遺言の減殺を請求できます（民法1031条）。

　本件において、丙の法定相続分は2分の1です。丙は、甲の子供であり、法定相続分の2分の1の割合の遺留分を有していますので（民法1028条2号）、丙の遺留分は遺産の4分の1となります。したがって、甲が、遺産の4分の1である丙の遺留分を侵害する遺言を作成したとしても、丙は、その遺言の減殺を請求できることになります。なお、丙に特別受益が認められる場合には（民法903条）、減殺を請求できない場合があります。

第2　遺留分の放棄とは

　遺留分権利者は、相続開始前に、家庭裁判所の許可を得て、自らの遺留分を放棄することができます（民法1043条）。被相続人の住所地を管轄する家庭裁判所は、遺留分権利者の申立により、遺留分の放棄を許可するか否かを審理します（家事事件

手続法別表第一（110）、216条）。

　遺留分権は個人的な財産権であり（相続開始後は自由に放棄できます）、また、均等相続による農地細分化を防ぐ理由などから、遺留分権の放棄が認められています。その一方で、親の権威で、遺留分権利者の自由意思を抑圧して、遺留分を放棄させるおそれがあります。そこで、家庭裁判所が、遺留分権利者の自由意思かどうか、放棄理由の合理性・必要性、遺留分権利者の権利を不当に害するものでないか等を審理したうえで、許可するかどうかを決めることになります（新版注釈民法（28）相続（3））。なお、遺留分を放棄したとしても、相続人であることに変わりはありません。

　また、一旦、家庭裁判所が、遺留分の放棄を許可したとしても、家庭裁判所が、遺留分放棄の状態を維持させることが客観的にみて不合理・不相当と認められるに至った場合には、遺留分放棄を許可する審判を取り消し又は変更することができます（東高決昭和58年9月5日）。

第3　乙に土地及び建物を全て相続させる方法

　本件では、甲は、丙が自宅を建てた時に、丙に資金を一部援助しているため、家庭裁判所は、その金額も考慮したうえで、遺留分の放棄が丙の権利を不当に害するものでないか、丙が、自由意思で遺留分を放棄しているかどうかを審理することになります。その上で、家庭裁判所が、丙の遺留分の放棄を認めれば、甲が、土地及び建物を乙に相続させる旨の遺言を作成することにより、乙に、土地及び建物を全て相続させることができ

ます。
　また、丙が遺留分を放棄しなくても、甲による丙に対する資金の援助が特別受益（民法903条）に該当し、その額が丙の遺留分を超えていれば、丙の遺留分減殺請求が認められないということも考えられます。したがって、甲は、丙に対する資金援助の金額や目的を確認することができる、客観的資料を残しておくべきです。

Q5 検認を行う必要のない遺言を作成するにはどうすればよいか？

A 公正証書遺言を作成すれば、遺言書の検認を行う必要はありません。

これに対して、公正証書による遺言以外の遺言書の保管者又はこれを発見した相続人は、遺言者の死亡を知った後、遅滞なく遺言書を家庭裁判所に提出して、検認を請求しなければなりません。また、封印のある遺言書（公正証書遺言を除く）は、家庭裁判所で相続人等の立会いの上開封しなければならないことになっていますので、それまで、開封してはいけません。

第1　検認とは

　検認とは、遺言の方式に関する一切の事実を調査して遺言書の状態を確定しその現状を明確にする手続きです。なお、検認は遺言の実体上の効果（内容の真否や有効性など）を判断する手続きではありません（大審院第三民事部大正4年1月16日決定）。

　遺言書（公正証書による遺言を除く。）の保管者又はこれを発見した相続人は、遺言者の死亡を知った後、遅滞なく遺言書を家庭裁判所に提出して、検認を請求しなければなりません（民法1004条1項・2項）。また、封印のある遺言書は、家庭裁

判所で相続人等の立会いの上開封しなければならないことになっています（民法1004条3項）。

第2　検認の手続き

　検認の申立がなされると、家庭裁判所は、相続人全員に対して、検認を行う日時（検認期日）を通知します。家庭裁判所は、相続人が検認期日に出席してもしなくても、検認期日において、検認手続きを行います。

　例えば、自筆証書遺言の場合、裁判官は、検認期日において、封筒に封がされている場合には出席者の面前で封筒を開封し、①保管者に対して、保管状況について質問し、②出席者に対して、遺言書の筆跡が遺言者のものかどうか、遺言書の印影が遺言者の印章によるものかどうかを質問するなどします。検認調書には、封筒及び遺言書の写し（コピー）が添付され、①及び②の記載のほか、遺言書の形状などが記載されます。
　検認の手続きを経なければ、遺言の内容を実現することができません。具体的には、相続による所有権移転登記を行ったり、遺言者の銀行預金を解約したりすることができません。

第3　公正証書遺言の場合

　公正証書遺言の場合、検認手続きを経る必要がありません（民法1004条2項）。検認手続きを経なければ、裁判所から相続人に対する通知が行われませんので、遺言による受益者は、遺

言者と交流のない相続人が、相続が開始（遺言者の死亡）したことすら知らない間に、遺言の内容を執行し実現することが可能となります。公正証書遺言については、Q6において後述します。

Q6 遺言書には、どのような種類があるか。どのような場合に、どの種類の遺言書を作成すべきか？

A 民法上、①自筆証書遺言、②公正証書遺言、③秘密証書遺言（①から③が普通の方式による遺言）、及び、④特別の方式による遺言があります。自筆証書遺言には、誰の関与も不要であり、遺言者のみで作成することができるという利点があります。公正証書遺言には、遺言能力に関する紛争が発生することや無効となることが比較的少ないこと、家庭裁判所での検認が必要ないという利点があります。秘密証書遺言には、遺言の存在を明らかにしながら内容を秘密にできる利点があります。

第1 自筆証書遺言

1 自筆証書遺言とは

　自筆証書遺言とは、遺言者が、遺言の全文、日付及び氏名を自書し、これに印を押すという方式による遺言をいいます（民法968条1項）。したがって、遺言者が、全文を自書していない場合（例えば、遺言書の一部が印刷である場合）、日付を自書していない場合、氏名を自書していない場合には、遺言は無効となるため、注意が必要です。

　この点、判例によると、「日附の記載は遺言の成立の時期を明確にするために必要とされるのであるから、真実遺言が成立

した日の日附を記載しなければならない」とされています（最三小判昭和52年4月19日）。したがって、形式的には、日付が自書されているとしても、その日付が実際の作成日付でない場合には、日付を訂正すべきです（例えば、日付と本文を先に自書しておいたが、署名・押印は数日後に行った場合等です。）。

　日付の訂正を含む、自筆証書遺言の加除その他の変更は、遺言者がその場所を指示し、これを変更した旨を付記して特にこれに署名し、かつ、その変更の場所に印を押さなければ効力を生じません（民法968条2項）。

2　自筆証書遺言の利点・欠点

　自筆証書遺言には、以下の利点・欠点を挙げることができます。

（1）利点
・遺言者のみで作成することができる。

（2）欠点
・遺言能力に関する紛争が比較的発生しやすい。
・有効となるための要件が厳格であるため、比較的無効となりやすい。
・家庭裁判所での検認が必要である。

3　自筆証書遺言の例

　極端な例ですが、以下のような自筆証書遺言も、前述の要件を満たしていれば、有効です。但し、一部の財産を別の者に相続させ又は遺贈するのであれば、財産を特定しなければなりません。また、以下の例でも、甲野良男が夫である旨記載した

り、甲野良男及び甲野良子の住所を記載したりして、できるだけ誤解がないようにすべきです。

遺言書

甲野良男に全財産を相続させる。

平成28年1月1日

甲野良子 ㊞(甲野)

第2 公正証書遺言

1 公正証書遺言とは

　民法969条各号及び969条の2の方式に従って行われた公正証書による遺言をいいます。ここでの公正証書とは、公証人が公証人法等に基づき権利義務に関する事実について作成した証書をいいます（有斐閣「法律用語辞典」）。公正証書遺言は、原則として、①証人2名以上の立会いのもとで、②遺言者が、公証人に対して遺言の趣旨を口授し、③公証人が遺言者の口述を筆記し、遺言者及び証人に読み聞かせ又は閲覧させ、④遺言者及び証人が、筆記の正確なことを承認した後、各自署名し印を押し、⑤公証人が、①から④の方式に従って作成したものである旨を付記して、署名し印を押す必要があります（民法969条）。

2 公正証書遺言の利点・欠点

　公正証書遺言には、以下の利点・欠点を挙げることができます。

（1）利　点

・公証人及び証人2名が作成に関与するため、遺言能力に関

する紛争が発生することが比較的少ない。
・公証人が作成するため、無効となることが比較的少ない。
・家庭裁判所での検認が必要ない。
（2）欠　点
・公証人及び証人2名が関与するため、遺言者だけでは作成することができない。
・公証人へ支払う費用が必要となる。

第3　秘密証書遺言

1　秘密証書遺言とは

　遺言者が遺言証書に署名・押印の上封印し、その封紙に公証人が所定の記載をしたうえ公証人、遺言者及び2名以上の証人が署名・押印したものをいいます（有斐閣「法律用語辞典」、民法970条）。秘密証書遺言は、①遺言者が証書に署名し印を押すこと、②遺言者がその証書を封じ、証書に用いた印章をもって封印すること、③遺言者が、公証人及び証人2名以上の前に封書を提出し、自己の遺言書である旨、その筆者の氏名及び住所を申述すること、④公証人が、その証書を提出した日付及び遺言者の申述を封書に記載した後、遺言者及び証人と共に署名し印を押す必要があります（民法970条）。
　秘密証書遺言において、遺言者は、自筆証書遺言のように全文を自書する必要はありません。しかし、判例によると、ワープロで印字された証書の「筆者」（前述した③の要件）は、署名した者ではなく、ワープロを操作して遺言書の表題及び本文を入力して印字した者であり、その筆者の申述がない場合、方

式を欠き無効です（最三小判平成14年9月24日）。

第4　特別の方式による遺言

　その他、民法には、特別の方式による遺言として、①死亡の危急に迫った者の遺言、②伝染病隔離者の遺言、③在船者の遺言、④船舶遺難者の遺言が規定されています（民法976条から979条）。

　これら特別の方式による遺言は、遺言者が普通の方式（自筆証書遺言、公正証書遺言及び秘密証書遺言）による遺言をすることができるようになった時から6か月間生存するときには効力を失います（民法983条）。

Q7 「相続させる」と「遺贈する」の違いは？

A 相続人に対して、「相続させる」場合と「遺贈する」場合の主な違いは、「相続させる」とすれば、所有権移転登記申請を相続人である受益者が単独で行うことができ、他の相続人の印鑑証明書等が不要となるのに対して、「遺贈する」とすれば、他の相続人と共同で行わなければならないことになる点です（遺言執行者が指定されている場合については、Q3をご参照ください）。

第1 「相続させる」場合の利点

　相続人に対しては、「相続させる」ことも可能ですし、「遺贈する」ことも可能です。相続人でない者に対しては、「相続させる」ことはできませんので、「相続させる」と記載されていても、「遺贈する」ことになります。
　「相続させる」場合の主な利点は、「相続させる」とすることにより、所有権移転登記申請を、受益者が単独で行うことができ、他の相続人の印鑑証明書等が不要となる点です。これに対して、「遺贈する」とすれば、所有権移転登記申請を、受益者が、他の相続人と共同で行わなければならないことになります（なお、遺言執行者が指定されている場合については、Q3をご参照ください）。また、意図すべき利点ではありませんが、「相続させる」旨の遺言による所有権変動は、登記なくして第

三者に対抗することができます（最二小判平成14年6月10日）。
　以前は、以下の2点も、「相続させる」遺言の利点であるとされていましたが、現在では、遺贈との違いは解消されています。

1　農地の場合の許可
　　（平成24年に違いが解消されました。）
　「相続させる」場合であっても、「遺贈する」（包括遺贈及び特定遺贈を含む）場合であっても、所有権移転登記をするために、農地法3条所定の許可は不要です。
　しかしながら、従来は、特定遺贈の場合、所有権移転登記をするために、農地法3条所定の知事の許可が必要とされていました。
　一方で、知事の許可を不要とする判例があり（最三小判昭和52年7月19日、大高判昭和57年3月31日）、判例と実務が矛盾する状態となっていました。そこで、平成24年12月、農地法施行規則15条5号が改正され、包括遺贈だけではなく特定遺贈の場合も、農地法3条所定の許可が不要であるとされました。

2　不動産の登録免許税
　　（平成15年に違いが解消されました。）
　相続による不動産の所有権移転に係る登録免許税は、不動産価額の1,000分の4であるところ、遺贈の場合は、不動産価額の1,000分の20です（登録免許税法17条別表一、一（二）イ及びハ）。
　しかしながら、平成15年、登録免許税法17条において、「相

続」が「相続人に対する遺贈を含む。以下同じ。」と規定されたことにより、相続人に対して、「相続させる」場合と「遺贈する」場合における、登録免許税の違いは解消されました。

第2　以前の争点

　以前は、下級審の裁判例において、「不動産Aを甲に相続させる」旨の遺言書がある場合でも、改めて、相続人間で遺産分割をしなければ、甲は不動産Aの所有権を確定的に取得できないとされていました。

　しかしながら、最高裁判所は、平成3年、「特段の事情のない限り、何らの行為を要せずして、被相続人の死亡の時（遺言の効力の生じた時）に直ちに当該遺産が当該相続人に相続により承継される」旨判断しました（最二小判平成3年4月19日）。そのため、「不動産Aを甲に相続させる」旨の遺言書があれば、改めて、相続人間で遺産分割をしなくても、甲が不動産Aの所有権を確定的に取得できることとなりました。

　したがって、現在では、「相続させる」ことと「遺贈する」ことが可能である場合には、「相続させる」と規定することが一般的です。但し、その他にも考慮すべき点はありますので、弁護士に相談して、具体的な状況に応じてどのように規定するかを決めるべきでしょう。

Q8 外国人が、日本において、日本の法律に基づく遺言書を作成することができるか？

A 外国人が、日本の法律に基づく方式により、遺言を作成することはできます。しかし、遺言の内容や遺言の成立及び効力については、外国人が国籍を有する国又は地域の法律（本国法）が準拠法となります。なお、これらの事項についても、本国法の内容によって日本法が準拠法となる場合があります（「反致」といわれています）。

　外国人が遺言書を作成するに際して、①遺言の方式（どのような形式を満たしている必要があるか）、②遺言の内容（遺言により実現すべき法律行為）、及び、③遺言の成立及び効力（遺言能力、遺言の効力発生時期・条件・期限、遺言の拘束力等）について、それぞれの準拠法に従う必要があります。

　外国人であっても、日本で遺言を作成する場合、日本法に定められた方式に従い遺言を作成することができます（遺言の方式の準拠法に関する法律2条1号）。

　これに対して、「相続は、被相続人の本国法による」との規定のとおり（法の適用に関する通則法36条）、遺言の内容についての準拠法は本国法であるため、遺言者は、遺言の内容については、原則として、遺言者が国籍を有する国の法律に従い遺言を作成することになります。また、「遺言の成立及び効力は、その成立の当時における遺言者の本国法による。」との規定のとおり（同法37条）、遺言の成立及び効力は、遺言者が

国籍を有する国または地域の法律が準拠法となります。しかし、遺言の内容や遺言の成立及び効力については、本国法に従えば、日本法を準拠法とすべき場合には、「反致」により、日本法が準拠法となります（同法41条）。

	準　拠　法	根　拠
遺言の方式	日本法	遺言の方式の準拠法に関する法律2条1号
遺言の内容	本国法。但し、反致により日本法の可能性あり（法の適用に関する通則法41条）	法の適用に関する通則法36条
遺言の成立及び効力		法の適用に関する通則法37条

（今津泰輝）

4

高齢者の財産管理について

4　高齢者の財産管理について

Q 私の父は73歳で、遠方で一人暮らしをしています。近くに身内も住んでおらず、父が預貯金、不動産等の財産を自分で管理できているかが心配です。マンションの管理は、不動産業者に任せたままであると聞いています。財産管理の方法として、何がありますか。ホームヘルパーさんに預貯金等の財産管理をお願いすることはできますか？

A ホームヘルパーはホームヘルプ業務の中で預貯金等の財産管理を行っておりません。お父様の判断能力が十分であれば、財産管理契約の締結や任意後見制度の利用を、判断能力が不十分であれば、日常生活自立支援事業や成年後見制度の利用をご検討下さい。

　この章では財産管理契約と日常生活自立支援事業について説明し、任意後見制度や成年後見制度は8章「後見制度」にて説明します。

第1　財産管理契約

1　委任者

　財産管理契約とは、本人（委任者）が財産管理人（受任者）との間で、管理の内容や範囲を自由に定めて財産の管理を依頼する契約である。本人が自らに代わって財産を管理するための契約であることから、任意代理契約とも呼ばれる。

民法上の委任契約（643条）に該当するものであるため、財産管理契約を締結するためには、本人に判断能力が十分に備わっていることが必要である。そのため、高齢者で判断能力が不十分な者は財産管理契約を締結できないので、成年後見制度や日常生活支援事業等を利用して財産管理を行うとよい。

2　受任者

　財産管理契約は委任契約であるため、財産管理人となる受任者の範囲に制限はない。そのため、委任者は、自らが財産管理人を選んでその人との間で財産管理契約を締結すればよい。財産管理人に配偶者、兄弟、子等の親族が選ばれることが多いが、適切な財産管理人が見当たらない場合には、弁護士会の高齢者障がい者支援センターでも紹介しているので、相談してみるとよい。

3　財産管理の内容

　財産管理の内容は委任者と受任者との間で自由に定めることが出来るのが原則である。例えば、不動産、動産等すべての財産の管理、銀行等の金融機関等の取引、家賃等の受領、家賃等の支払、日用品の購入、登記済権利証、印鑑等の保管・管理、不動産の購入、賃貸借契約の締結等である。

　また、財産管理契約では、委任者が死亡した後の事務（葬儀、埋葬等）も委任内容として定めることが可能である。

　なお、財産管理契約の締結により訴訟を委任することまではできない。

4　報　酬

　委任契約であるため、報酬の金額や支払方法については委任者と受任者との間で自由に定めることができる。弁護士会から紹介された弁護士が受任者となる場合、事案にもよるが、3万円から5万円くらいが多いようである。収益物件の管理が財産管理契約の内容に含まれると、報酬がこれより多額になりうる。

5　財産管理人の義務

　財産管理契約は委任契約であるため、民法の規定に基づき、財産管理人は、善管注意義務（644条）、本人の請求がある場合に報告する義務（645条）、事務処理を行ううえで受領した金銭等の引渡し義務（646条）等の義務を負う。
　財産管理人が上記義務に反している場合にはこれを理由に財産管理契約を解除し、発生した損害を請求することも可能である。

6　メリット

　財産管理契約のメリットとして、①成年後見制度や日常生活自立支援事業と異なり、判断能力が十分な者でも利用可能であること、②財産管理の内容を自由に定めることができ、死後の事務も定めることができること、③成年後見制度とは異なり、その旨の登記もなされないので、本人が利用するにあたって精神的なハードルが低いこと、④委任契約であるため委任者である本人からいつでも解除できること（ただし、受任者に対する損害賠償義務が発生することはある）などが挙げられる。

7　デメリット

　財産管理契約のデメリットとして、①受任者が適切に財産管理を行っているかにつき監督機能が備わっているとはいえないこと、②成年後見制度とは異なり、その旨の登記がなされないので、受任者が代理人であることの証明手段として明確なものがないことなどが挙げられる。

8　任意後見契約との関係

　任意後見契約とは、十分な判断能力を有している時点で、将来自分の判断能力が不十分になったときの後見事務をあらかじめ定めておく契約である。この契約は公正証書を作成することが必要である。

　任意後見制度は本人の判断能力が低下した場合に発効し、家庭裁判所による任意後見監督人の選任手続を経ることとなる。

　実務上は、判断能力が十分な時に財産管理契約と任意後見契約をセットで締結し、判断能力に問題がない時は財産管理契約に基づき財産管理を行い、判断能力が不十分になった段階で任意後見契約へ移行させ、財産管理契約を終了させるという手法がとられることが多い（書式①「委任契約及び任意後見契約公正証書」、松戸公証役場ホームページ http://www.matsudoko-shonin.jp/inin-ninikouken/index.html より引用）。

第2　日常生活自立支援事業

1　趣　旨

　日常生活自立支援事業（以下「本事業」という）とは、認知症高齢者、知的障がい者、精神障がい者等のうち判断能力が不十分な方が地域において自立した生活が送れるよう、利用者との契約に基づき福祉サービスの利用援助等を行うものである。

2　対象者

　本事業の対象者は、①「在宅で生活している者」か「在宅で生活する予定の者」、②判断能力が不十分な者（認知症高齢者、知的障がい者、精神障がい者等であって、日常生活を営むのに必要なサービスを利用するための情報の入手、理解、判断、意思表示を本人のみでは適切に行うことが困難な者）、③本事業の契約の内容について判断し得る能力（契約能力）を有していると認められる者のいずれの要件にも該当する者である。
　したがって、判断能力が低下して契約能力がない者や、在宅で生活する予定のない者は対象者にならない。

3　実施主体

　本事業の実施主体は、都道府県・指定都市社会福祉協議会である。窓口業務等は各市区町村の社会福祉協議会等で実施しているので、利用に関するご相談等は利用者の居住場所の社会福祉協議会で相談するとよい。

4　援助の内容

本事業に基づく援助の内容は、①福祉サービスの利用援助、②苦情解決制度の利用援助、③住宅改造、居宅家屋の賃借、日常生活上の消費契約及び住民票の届出等の行政手続に関する援助を基準とする。

また、上記に伴う援助の内容は、④預金の払い戻し、預金の解約、預金の預け入れの手続等の利用者の日常生活費の管理（日常的金銭管理）、⑤定期的な訪問による生活変化の察知を基準とする。

5　利用料

本事業の実施主体が定める利用料を利用者が負担する。もっとも、日常生活支援事業は公的な事業であるため、利用料は低額に設定されており、契約締結前の初期相談等に係る経費や生活保護受給世帯の利用料については無料となっている。

6　財産管理

本事業のうち財産管理に該当するものは、日常的金銭管理である。

社会福祉協議会の生活支援員が契約に基づき実施する財産管理は、①生活費の出金等の預金の出し入れ、家賃・公共料金・医療費・福祉サービス利用料の支払等の日常的な金銭管理、②預金通帳、印鑑（実印等）、証書（保険証書・年金証書・不動産権利書等）等の保管に限定されており、資産運用、貴金属・株券・骨董品等の保管は含まれていない。

7　成年後見制度との関係

　認知症高齢者、知的障がい者、精神障がい者などで、判断能力が不十分な者に対する援助方法として本事業と成年後見制度の2つの制度が考えられる。

　上記制度の差異であるが、本事業は福祉サービスの利用援助や日常的金銭管理に限定されるが、成年後見制度は、財産管理や身上監護に関する契約等の法律行為全般を援助できる。

　この2つの制度は利用者の判断能力、契約能力等によっては併用することもあり、併用利用とするケースとして、遠方に住む親族等が成年後見人に選任されている場合で、生活に必要な預金の出し入れなど、本人の利便性のため本事業による支援が必要不可欠な場合などがある。

（柴崎菊恵）

〈参　考〉
書式①　財産管理契約及び任意後見契約（公正証書見本）
　松戸公証役場ホームページ（http://www.matsudo-koshonin.jp/inin-ninikouken/index.html より引用）

委任契約及び任意後見契約公正証書

　本公証人は、委任者○○○○（以下「甲」という。）及び受任者□□□□（以下「乙」という。）の嘱託により、次の法律行為に関する陳述の趣旨を録取し、この証書を作成する。

第1　委任契約

第1条（契約の趣旨）
　　甲は、乙に対し、平成24年○月○日、甲の生活、療養看護及び財産の管理に関する事務（以下「委任事務」という。）を委任し、乙は、これを受任する。

第2条（任意後見契約との関係）
　1　前条の委任契約（以下「本委任契約」という。）締結後、甲が精神上の障害により事理を弁識する能力が不十分な状況になり、乙が第2の任意後見契約による後見事務を行うことを相当と認めたときは、乙は、家庭裁判所に対し、任意後見監督人の選任の請求をする。
　2　本委任契約は、第2の任意後見契約につき任意後見監督人が選任され、同契約が効力を生じた時に終了する。

第3条（委任事務の範囲）
　　甲は、乙に対し、別紙「代理権目録（委任契約）」記載の委任事務（以下「本件委任事務」という。）を委任し、そ

の事務処理のための代理権を付与する。
第4条（証書等の引渡し等）
　1　甲は、乙に対し、本件委任事務処理のために必要と認める範囲で、適宜の時期に、次の証書等及びこれに準ずるものを引き渡す。
　　①登記済権利証、②実印・銀行印、③印鑑登録カード・住民基本台帳カード、④預貯金通帳、⑤各種キャッシュカード、⑥有価証券・その預り証、⑦年金関係書類、⑧土地・建物賃貸借契約等の重要な契約書類
　2　乙は、前項の証書等の引渡しを受けたときは、甲に対し、預り証を交付して保管し、前記証書等を本件委任事務処理のために使用することができる。
第5条（費用の負担）
　乙が本件委任事務を処理するために必要な費用は、甲の負担とし、乙は、その管理する甲の財産からこれを支出することができる。
第6条（報酬）
（報酬額の定めがある場合）
　甲は、乙に対し、本件委任事務処理に対する報酬として毎月末日限り金〇〇円を支払うものとし、乙は、その管理する甲の財産からその支払いを受けることができる。
（無報酬の場合）
　乙の本件委任事務処理は、無報酬とする。
第7条（報告）
　1　乙は、甲に対し、〇か月ごとに、本件委任事務処理の状況につき報告書を提出して報告する。

注 「適時、適宜の方法により、本件委任事務処理の状況につき報告する。」と記載することも可
2 甲は、乙に対し、いつでも本件委任事務処理状況につき報告を求めることができる。

第8条（契約の変更）
本委任契約に定める代理権の範囲を変更する契約は、公正証書によってするものとする。

第9条（契約の解除）
甲及び乙は、いつでも本委任契約を解除することができる。ただし、解除は公証人の認証を受けた書面によってしなければならない。

第10条（契約の終了）
本委任契約は、第2条第2項に定める場合のほか、次の場合に終了する。
（1）甲又は乙が死亡し又は破産手続開始決定を受けたとき
（2）乙が後見開始の審判を受けたとき

【代理権目録（委任契約）】
1 不動産、動産等すべての財産の保存及び管理に関する事項
2 銀行等の金融機関、郵便局、証券会社とのすべての取引に関する事項
3 保険契約（類似の共済契約等を含む。）に関する事項
4 定期的な収入の受領、定期的な支出を要する費用の支払に関する事項
5 生活費の送金、生活に必要な財産の取得に関する事項及び物品の購入その他の日常関連取引（契約の変更、解除を含む。）に関する事項

6　医療契約、入院契約、介護契約その他の福祉サービス利用契約、福祉関係施設入退所契約に関する事項

7　要介護認定の申請及び認定に関する承認又は異議申立て並びに福祉関係の措置（施設入所措置を含む。）の申請及び決定に対する異議申立てに関する事項

8　シルバー資金融資制度、長期生活支援資金制度等の福祉関係融資制度の利用に関する事項

9　登記済権利証、印鑑、印鑑登録カード、住民基本台帳カード、預貯金通帳、各種キャッシュカード、有価証券・その預り証、年金関係書類、土地・建物賃貸借契約書等の重要な契約書類その他重要書類の保管及び各事項の事務処理に必要な範囲内の使用に関する事項

10　居住用不動産購入、賃貸借契約並びに住居の新築・増改築に関する請負契約に関する事項

11　登記及び供託の申請、税務申告、各種証明書の請求に関する事項

第2　任意後見契約

第1条（契約の趣旨）

　　甲は、乙に対し、平成○年○月○日、任意後見契約に関する法律に基づき、精神上の障害により事理を弁識する能力が不十分な状況における甲の生活、療養看護及び財産の管理に関する事務（以下、「後見事務」という。）を委任し、乙は、これを受任する。

第2条（契約の発効）

1　前条の任意後見契約（以下「本任意後見契約」という。）

は、任意後見監督人が選任された時からその効力を生ずる。
　2　本任意後見契約締結後、甲が精神上の障害により事理を弁識する能力が不十分な状況になり、乙が本任意後見契約による後見事務を行うことを相当と認めたときは、乙は、家庭裁判所に対し任意後見監督人の選任の請求をする。
　3　本任意後見契約の効力発生後における甲と乙との法律関係については、任意後見契約に関する法律及び本契約に定めるもののほか、民法の規定に従う。

第3条（後見事務の範囲）
　甲は、乙に対し、別紙「代理権目録（任意後見契約）」記載の後見事務（以下「本件後見事務」という。）を委任し、その事務処理のための代理権を付与する。

第4条（身上配慮の責務）
　乙は、本件後見事務を処理するに当たっては、甲の意思を尊重し、かつ甲の身上に配慮するものとし、その事務処理のため、適宜甲と面接し、ヘルパーその他の日常生活援助者から甲の生活状況につき報告を求め、主治医その他医療関係者から甲の心身の状態について説明を受けることなどにより、甲の生活状況及び健康状態の把握に努めるものとする。

第5条（証書等の保管等）
　1　乙は、甲から、本件後見事務処理のために必要な次の証書等及びこれらに準ずるものの引渡しを受けたときは、甲に対し、その明細及び保管方法を記載した預り証を交付する。
　　　①登記済権利証、②実印・銀行印、③印鑑登録カード・

住民基本台帳カード、④預貯金通帳、⑤各種キャッシュカード、⑥有価証券・その預り証、⑦年金関係書類、⑧土地・建物賃貸借契約書等の重要な契約書類

2　乙は、本任意後見契約の効力発生後、甲以外の者が前項記載の証書等を占有所持しているときは、その者からこれらの証書等の引渡しを受けて、自らこれを保管することができる。

3　乙は、本件後見事務を処理するために必要な範囲で、前記の証書等を使用するほか、甲宛の郵便物その他の通信を受領し、本件後見事務に関連すると思われるものを開封することができる。

第6条（費用の負担）

乙が本件後見事務を行うために必要な費用は、甲の負担とし、乙は、その管理する甲の財産からこれを支出することができる。

第7条（報酬）

（報酬額の定めがある場合）

1　甲は、本任意後見契約の効力発生後、乙に対し、本件後見事務処理に対する報酬として毎月末日限り金〇〇円を支払うものとし、乙は、その管理する甲の財産からその支払いを受けることができる。

2　前項の報酬額が次の理由により不相当となった場合には、甲及び乙は、任意後見監督人と協議の上、これを変更することができる。

　　（1）甲の生活状況又は健康状況の変化
　　（2）経済情勢の変動

（3）その他現行報酬額を不相当とする特段の事情の発生
3　前項の場合において、甲がその意思を表示することができない状況にあるときは、乙は、任意後見監督人の書面による同意を得てこれを変更することができる。
4　第2項の変更契約は、公正証書によってしなければならない。
5　後見事務処理が不動産の売却処分、訴訟行為、その他通常の財産管理事務の範囲を超えた場合には、甲は乙に対し毎月の報酬とは別に報酬を支払う。この場合の報酬額は、甲と乙が任意後見監督人と協議の上これを定める。甲がその意思を表示することができないときは、乙は任意後見監督人の書面による同意を得てその額を決定する。

（無報酬の場合）
1　乙の本件後見事務処理は、無報酬とする。
2　本件後見事務処理を無報酬とすることが、次の事由により不相当となったときは、甲と乙は、任意後見監督人と協議のうえ、報酬を定めることができる。
　　（1）甲の生活状況又は健康状況の変化
　　（2）経済情勢の変動
　　（3）その他本件後見事務処理を無報酬とすることを不相当とする特段の事情の発生
3　前項の場合において、甲がその意思を表示することができない状況にあるときは、乙は、任意後見監督人の書面による同意を得てこれを変更することができる。
4　第2項の変更契約は、公正証書によってしなければならない。

第8条（報告）
　　1　乙は、任意後見監督人に対し、〇か月ごとに、本件後見事務に関する次の事項について書面で報告する。
　　　（1）乙の管理する甲の財産の管理状況
　　　（2）甲を代理して取得した財産の内容、取得の時期・理由・相手方及び甲を代理して処分した財産の内容、処分の時期・理由・相手方
　　　（3）甲を代理して受領した金銭及び支払った金銭の状況
　　　（4）甲の身上監護につき行った措置
　　　（5）費用の支出及び支出した時期・理由・相手方
　　　（6）報酬の定めがある場合の報酬の収受
　　2　乙は、任意後見監督人の請求があるときは、いつでも速やかにその求められた事項につき報告する。

第9条（契約の解除）
　　1　甲又は乙は、任意後見監督人が選任されるまでの間は、いつでも公証人の認証を受けた書面によって、本任意後見契約を解除することができる。
　　2　甲又は乙は、任意後見監督人が選任された後は、正当な事由がある場合に限り、家庭裁判所の許可を得て、本任意後見契約を解除することができる。

第10条（契約の終了）
　　1　本任意後見契約は、次の場合に終了する。
　　　（1）甲又は乙が死亡し又は破産手続開始決定を受けたとき
　　　（2）乙が後見開始の審判を受けたとき
　　　（3）乙が任意後見人を解任されたとき

（4）甲が法定後見（後見・保佐・補助）開始の審判を受けたとき
　（5）本任意後見契約が解除されたとき
2　任意後見監督人が選任された後に前項各号の事由が生じた場合、甲又は乙は、速やかにその旨を任意後見監督人に通知するものとする。
3　任意後見監督人が選任された後に第１項各号の事由が生じた場合、甲又は乙は、速やかに任意後見契約の終了の登記を申請しなければならない。

【代理権目録（任意後見契約）】
1　不動産、動産等すべての財産の保存、管理及び処分に関する事項
2　銀行等の金融機関、郵便局、証券会社とのすべての取引に関する事項
3　保険契約（類似の共済契約等を含む。）に関する事項
4　定期的な収入の受領、定期的な支出を要する費用の支払に関する事項
5　生活費の送金、生活に必要な財産の取得に関する事項及び物品の購入その他の日常関連取引（契約の変更、解除を含む。）に関する事項
6　医療契約、入院契約、介護契約その他の福祉サービス利用契約、福祉関係施設入退所契約に関する事項
7　要介護認定の申請及び認定に関する承認又は異議申立て並びに福祉関係の措置（施設入所措置を含む。）の申請及び決定に対する異議申立てに関する事項
8　シルバー資金融資制度、長期生活支援資金制度等の福祉

関係融資制度の利用に関する事項
9　登記済権利証、印鑑、印鑑登録カード、住民基本台帳カード、預貯金通帳、各種キャッシュカード、有価証券・その預り証、年金関係書類、土地・建物賃貸借契約書等の重要な契約書類その他重要書類の保管及び各事項の事務処理に必要な範囲内の使用に関する事項
10　居住用不動産購入、賃貸借契約並びに住居の新築・増改築に関する請負契約に関する事項
11　登記及び供託の申請、税務申告、各種証明書　の請求に関する事項
12　遺産分割の協議、遺留分減殺請求、相続放棄、限定承認に関する事項
13　配偶者、子の法定後見開始の審判の申立てに関する事項
14　以上の各事項に関する行政機関への申請、行政不服申立、紛争の処理（弁護士に対する民事訴訟法第55条第2項の特別授権事項の授権を含む訴訟行為の委任、公正証書の作成嘱託を含む。）に関する事項
15　復代理人の選任、事務代行者の指定に関する事項
16　以上の各事項に関する一切の事項

同意を要する特約目録
　任意後見契約の効力発生後、受任者が次の行為を行う場合は、個別に任意後見監督人の書面による同意を要する。
　1　不動産の購入、売却、贈与、その他重要な財産の処分
　2　住居等の新築、増改築に関する請負契約の締結

〈参考文献〉
・特定非営利活動法人遺言・相続・財産管理支援センター「今を生きる高齢者のための法律相談」
・日本弁護士連合会法的サービス企画推進センター遺言信託プロジェクトチーム「高齢者・障害者の財産管理と福祉信託」
・日本弁護士連合会高齢社会対策本部「超高齢社会におけるホームロイヤーマニュアル」
・平田厚「高齢者の生活・福祉の法律相談」新青林法律相談13

5

高齢者に対する虐待について

5　高齢者に対する虐待について

Q 70歳の父（甲）は、息子（乙）夫婦と同居しているが、息子（乙）の長男（丙）（甲の孫）から虐待を受けています。
① どこに相談したらいいですか？
② （甲）に対する虐待を発見したAは、通報義務を負いますか？
③ Aは、通報による不利益を負いませんか？

A　①について
　暴力等がある場合には警察への相談も考えられますが、まずは市町村又は地域包括支援センターの相談窓口等にご相談下さい。
　②について
　高齢者虐待の防止、高齢者の養護者に対する支援等に関する法律（以下「高齢者虐待防止法」という）では、高齢者の生命又は身体に重大な危険が生じている場合、発見者には市町村への通報義務が課されています（7条1項）。
　③について
　高齢者虐待防止法では、通報者Aが不利益を負わないように一定の保護規定が定められています（8条、21条6項、7項）。

第1　高齢者虐待防止法の概要

1　趣　旨

　高齢者虐待防止法は平成17年11月１日に議員立法で可決・成立し、平成18年４月１日から施行されている。この法律は、近年、高齢者に対する虐待が深刻な状況にあり、高齢者の尊厳を保持するためには高齢者に対する虐待を防止することが極めて重要であること等から、国や市区町村がその対策を講じる責務を負っていることを明確にしたうえで、虐待を受けた高齢者を早期に発見して保護するだけでなく、養護者の支援を行いその負担の軽減を図ることにより高齢者に対する虐待を防止することを目的とするものである（１条）。

2　対象者

　高齢者とは「65歳以上の者」であると定められている（２条１項）。そのため、高齢者虐待防止法の対象者は65歳以上の者となる。

　なお、高齢者夫婦間で暴力があり、その被害者が65歳以上である場合、高齢者虐待防止法だけでなく、DV法の対象にもなる。

3　高齢者に対する虐待の主体

　高齢者虐待防止法では、養護者による高齢者虐待と養介護施設従事者等による高齢者虐待に分けて定義している。

①　養護者による高齢者虐待

　養護者とは「高齢者を現に養護する者であって養介護施設従

事者等以外のもの」であると定められている（2条2項）。具体的には、高齢者の世話や介護を現にしている家族、親族、同居人等が該当すると考えられる。血縁関係や同居の有無は養護者の要件となっていない。

② 養介護施設従事者等による高齢者虐待

養介護施設従事者等とは老人福祉法及び介護保険法に定める養介護施設又は養介護事業の業務に従事する者であると定められている（2条2項、2条5項1号、2号参照）。具体的には以下の表のとおりである。

〈図1　養介護施設従事者等の範囲〉

規定	養介護施設	養介護事業	養介護施設従事者等
老人福祉法による規定	・老人福祉施設 ・有料老人ホーム	・老人居宅生活支援事業	「養介護施設」又は「養介護事業」の業務に従事する者
介護保険法による規定	・介護老人福祉施設 ・介護老人保健施設 ・介護療養型医療施設 ・地域密着型介護老人福祉施設 ・地域包括支援センター	・居宅サービス事業 ・地域密着型サービス事業 ・居宅介護支援事業 ・介護予防サービス事業 ・地域密着型介護予防サービス事業 ・介護予防支援事業	

＊厚生労働省「高齢者虐待防止の基本」から抜粋

4　高齢者に対する虐待の内容

高齢者虐待防止法では、養護者による虐待として①身体的虐待、②介護・世話の放棄・放任、③心理的虐待、④性的虐待、⑤経済的虐待の5種類の虐待を定めている（2条4項1号、2号）。養介護施設従事者等による虐待も同様のものを定めている（2条5項1号、2号）。いずれも、高齢者のみならず、そ

の行為をしている者が虐待であると自覚しているかは問われない。

① 身体的虐待

身体的虐待とは「高齢者の身体に外傷が生じ、又は生じるおそれのある暴行を加えること」をいう（2条4項1号イ）。具体例は表2のとおりである。

身体拘束も身体的虐待に該当する。身体的虐待により高齢者の生命に関わる危険が生じていることも少なくない。

② 介護・世話の放棄・放任

介護・世話の放棄・放任とは「高齢者を衰弱させるような著しい減食又は長時間の放置、養護者以外の同居人による虐待行為（①身体的虐待、③心理的虐待、④性的虐待）の放置等養護を著しく怠ること」をいう（2条4項1号ロ）。具体例は表2のとおりである。

虐待行為を行っている者が世話・介護についての知識・技術が不十分であるために「介護・世話の放棄・放任」とみなされる事態が生じていることも少なくない。

③ 心理的虐待

心理的虐待とは「高齢者に対する著しい暴言又は著しく拒絶的な対応その他の高齢者に著しい心理的外傷を与える言動を行うこと」をいう（2条4項1号ハ）。具体例は表2のとおりである。

④ 性的虐待

性的虐待とは「高齢者にわいせつな行為をすること又は高齢者をしてわいせつな行為をさせること」をいう（2条4項1号ニ）。具体例は表2のとおりである。

⑤　経済的虐待

　経済的虐待とは「養護者又は高齢者の親族が当該高齢者の財産を不当に処分することその他当該高齢者から不当に財産上の利益を得ること」をいう（2条4項2号）。具体例は表2のとおりである。

　経済的虐待については、養護者ではない親族も虐待者と成り得るが、高齢者が子の生計を支えている場合などもあり、虐待に該当するかどうかを判断するのが困難な事案も少なくない。

〈表2　高齢者虐待の例〉

区分	内容と具体例
身体的虐待	暴力的行為などで、身体に傷やアザ、痛みを与える行為や、外部との接触を意図的、継続的に遮断する行為 【具体例】 ・平手打ちをする、つねる、殴る、蹴る、無理矢理食事を口に入れる、やけど・打撲させる ・ベッドに縛り付けたり、意図的に薬を過剰に服用させたりして、身体拘束、抑制をする等
介護・世話の放棄・放任	意図的であるか、結果的であるかを問わず、介護や生活の世話を行なっている家族が、その提供を放棄または放任し、高齢者の生活環境や、高齢者自身の身体・精神的状態を悪化させていること 【具体例】 ・入浴しておらず悪臭がする、髪が伸び放題だったり、皮膚が汚れている ・水分や食事を十分に与えられていないことで、空腹状態が長時間にわたって続いたり、脱水症状や栄養失調の状態にある ・室内にごみを放置するなど、劣悪な住環境の中で生活させる ・高齢者本人が必要とする介護・医療サービスを、相応の理由なく制限したり使わせない等
心理的虐待	・脅しや侮辱などの言語や威圧的な態度、無視、嫌がらせ等によって精神的、情緒的に苦痛を与えること 【具体例】 ・排泄の失敗等を嘲笑したり、それを人前で話すなどにより高齢者に恥をかかせる ・どなる、ののしる、悪口を言う ・侮辱をこめて子どものように扱う・高齢者が話しかけているのを意図的に無視する等

性的虐待	本人との間で合意が形成されていない、あらゆる形態の性的な行為またはその強要 【具体例】 ・排泄の失敗等に対して懲罰的に下半身を裸にして放置する ・キス、性器への接触、性行為を強要する等
経済的虐待	本人の合意なしに財産や金銭を使用し、本人の希望する金銭の使用を理由なく制限すること 【具体例】 ・日常生活に必要な金銭を渡さない／使わせない ・本人の自宅等を本人に無断で売却する ・年金や預貯金を本人の意思・利益に反して使用する等

＊厚生労働省「高齢者虐待防止の基本」から抜粋、財団法人医療経済研究機構「家庭内における高齢者虐待に関する調査」（平成15年度）参照

第2　虐待の相談先 (Q1に対する回答)

1　虐待の発生要因

　虐待者側の要因として、介護疲れ、虐待者の性格や人格、病気、精神的な問題を抱えていることなどがある。他方、高齢者側の要因として、高齢者本人の認知症による言動の混乱、高齢者本人の性格や人格、身体的自立度の低さ等により要望をうまく伝えられないことなどがある。その他の要因として高齢者や虐待者との確執や経済的困窮等がある。

2　虐待の相談先

　虐待と判断できなくても、その疑いがある場合、市区町村又は地域包括支援センターに相談してみるとよい。
　その他の相談窓口としては、暴力、監禁、窃盗、業務上横領等がある場合には警察に相談するほか、法務局・地方法務局の人権相談所、保健所・保健センター、民生委員、福祉施設、民

間の相談機関等も考えられる。

　なお、虐待の相談は匿名で、かつ、高齢者本人や家族の同意を得なくても行うことができる。

第3　発見者の通報義務 (Q2に対する回答)

1　発見者の通報義務

　高齢者虐待防止法では、当該高齢者の生命又は身体に重大な危険が生じている場合、これを発見した者は速やかに市町村に通報することが義務付けられている（7条1項）。ただ、上記場合に該当しない場合であっても、虐待を受けたと思われる高齢者を発見した者は、速やかにこれを市町村に通報するよう努めなければならないと定められている（同条2項、努力義務）。

　なお、通報の場合、相談の場合と異なり、窓口が市町村に一本化されている（21条）。

2　高齢者に対する虐待のサイン

　高齢者に対する虐待が疑われる場合のサインとして、次のものが考えられる（東京都福祉保健局作成の「東京都高齢者虐待対応マニュアル」における「高齢者虐待が疑われる状況（チェックリスト）」を引用）。複数該当する場合には、虐待の疑いが増すものと考えられる。

（1）　身体的虐待のサイン
・身体に小さなキズが頻繁にみられる。
・太腿の内側や上腕部の内側、背中等にキズやみみずばれがみられる。

- 回復状態が様々な段階のキズ、あざ等がある。
- 頭、顔、頭皮等にキズがある。
- 臀部や手のひら、背中等に火傷や火傷跡がある。
- 急におびえたり、恐ろしがったりする。
- 「怖いから家にいたくない」等の訴えがある。
- キズやあざの説明のつじつまが合わない。
- 主治医や保健、福祉の担当者に話すことや援助を受けることに躊躇する。
- 主治医や保健、福祉の担当者に話す内容が変化し、つじつまがあわない。

（2） 介護・世話の放棄・放置のサイン

- 居住部屋、住居が極めて非衛生的になっている、また異臭を放っている。
- 部屋に衣類やおむつ等が散乱している。
- 寝具や衣服が汚れたままの場合が多くなる。
- 汚れたままの下着を身につけるようになる。
- かなりの褥創(じょくそう)ができてきている。
- 身体からかなりの異臭がするようになってきている。
- 適度な食事を準備されていない。
- 不自然に空腹を訴える場面が増えてきている。
- 栄養失調の状態にある。
- 疾患の症状が明白にもかかわらず、医師の診断を受けていない。

（3） 心理的虐待のサイン

- かきむしり、噛み付き、ゆすり等がみられる。
- 不規則な睡眠（悪夢、眠ることへの恐怖、過度の睡眠

等）を訴える。
- 身体を萎縮させる。
- おびえる、わめく、泣く、叫ぶなどの症状がみられる。
- 食欲の変化が激しく、摂食障害（過食、拒食）がみられる。
- 自傷行為がみられる。
- 無力感、あきらめ、投げやりな様子になる。
- 体重が不自然に増えたり、減ったりする。

（4） 性的虐待のサイン
- 不自然な歩行や座位を保つことが困難になる。
- 肛門や性器からの出血やキズがみられる。
- 生殖器の痛み、かゆみを訴える。
- 急に怯えたり、恐ろしがったりする。
- ひと目を避けるようになり、多くの時間を一人で過ごすことが増える。
- 主治医や保健、福祉の担当者に話すことや援助を受けることに躊躇する。
- 睡眠障害がある。
- 通常の生活行動に不自然な変化がみられる。

（5） 経済的虐待のサイン
- 年金や財産収入等があることは明白なのにもかかわらず、お金がないと訴える。
- 自由に使えるお金がないと訴える。
- 経済的に困っていないのに、利用負担のあるサービスを利用したがらない。
- お金があるのにサービスの利用料や生活費の支払いがで

きない。
・資産の保有状況と衣食住等生活状況との落差が激しくなる。
・預貯金が知らないうちに引き出された、通帳がとられたと訴える。

3　通報する際のポイント

　発見者は、通報するにあたり、発見日時、高齢者に関する情報（性別、氏名、年齢、住所等）、養護者による虐待の場合には養護者の情報（性別、氏名、年齢、住所等）、養介護施設従事者等による虐待の場合には養介護施設従事者等に関する情報（性別、氏名、年齢、職種等）、虐待のおそれがあると判断した事情（誰が、どのようなことをしているのかなど）を分かる範囲で伝えると良い。

　なお、虐待の通報は匿名で、かつ、高齢者本人や家族の同意を得なくても行うことができる。

4　通報後の市町村の対応
（1）　通報後の一般的な流れ

　高齢者に対する虐待に係る通報を受けた市町村は、速やかに事実確認（生命又は身体に重大な危険が生じている恐れがある場合には立入調査）を行い、アセスメント（緊急性の判断、虐待の状況・本人及び家族の状況・虐待の要因や背景等の分析）により、緊急性（緊急事態、要介入、要見守り・支援）に応じて支援方針を決定し、支援を実施し、支援実施後の状況につきモニタリングを行うという流れが一般的である。

（2） 養護者による虐待への具体的な対応方法

養護者による虐待の通報を受けた市町村の対応方法は次のものがある。

① 高齢者及び養護者に対して、相談、指導及び助言を行う（6条）。
② 速やかに当該高齢者の安全の確認、通報等に係る事実確認、高齢者虐待対応協力者（老人介護センター、地域包括支援センター等）と対応について協議を行う（9条1項）。
③ 高齢者の保護のため、生命又は身体に重大な危険が生じているおそれがあると認められる高齢者を一時的に保護するため迅速に施設に入所させる等、適切に、老人福祉法に規定する措置を講じる。その措置をとるために必要な居室を確保するための措置を講ずる（9条2項、10条）。
④ 成年後見制度利用開始に関する審判の請求をする（9条2項）。
⑤ 高齢者の生命又は身体に重大な危険が生じているおそれがあると認めるときは、立入調査を行うことができる。立入調査に行うにあたり、必要があると認める場合は、警察署長に対し、援助を求めることができる（11条1項、12条）。
　なお、正当な理由なく立入調査を拒むこと等は罰金刑の対象となる（30条）。
⑥ 老人福祉法に規定する措置がとられた場合、養護者について高齢者との面会を制限することができる（13条）。

（3） 養介護施設従事者等による虐待への具体的な対応方法

養介護施設従事者等による虐待の通報を受けた市町村の具体的対応方法は次のものがある。

① 速やかに通報に係る事実確認等を行う。

② 養介護施設従事者等による高齢者虐待に関する事項を、都道府県に報告する（22条1項）。なお、報告事項は、厚生労働省令（平成18年3月31日第94条）により、ⅰ）施設・事業所の名称、所在地、種別、ⅱ）虐待を受けた高齢者の性別、年齢、要介護状態等、心身の状況、ⅲ）虐待の種別、内容及び発生要因、ⅳ）虐待を行った従事者等の氏名、生年月日及び職種、ⅴ）市町村が行った対応、ⅵ）施設・事業者における改善措置状況である。

③ 高齢者虐待の防止及び当該高齢者の保護を図るため、老人福祉法又は介護保険法の規定による権限を行使する（24条）。

第4　通報者の保護 (Q3に対する回答)

高齢者虐待の早期発見、早期対応を図るため、高齢者虐待防止法では通報者を保護する規定を定めている。

まず、養護者による虐待の場合には、通報を受けた市町村や地域包括支援センターの職員には、当該通報をした者を特定させる情報を漏らしてはならないという守秘義務が課せられており（8条、17条2項）、通報者に関する情報が漏えいするのも

防止している。また、通報者が通報により罪に問われることがないように、刑法の秘密漏示罪その他守秘義務に関する規定は、当該通報には適用されない（7条3項）。

　次に、養介護施設従事者等による虐待の場合にも、通報又は届出を受けた市町村や都道府県の職員には、当該通報又は届出をした者を特定させる情報を漏らしてはならないという守秘義務が課せられている（23条）。これにより、勤務先の施設で発生した虐待を職員が勤務先に知られることなく通報することが可能となる。

　また、刑法や介護保険法等により守秘義務を負う者については、関係者からの通報が早期発見に繋がることから、通報が虚偽によるもの及び過失によるものを除き、通報により秘密漏示罪や守秘義務違反を問われないものとされている（21条6項）。なお、過失とはその職務に応じて通常有する注意義務を果たさないことであり、虐待の確証が無くても一応の合理性があれば、過失を問われないものと思料する。

　さらに、施設の職員は、通報したことを理由として解雇その他不利益な取り扱いを受けないものとされている（同条7項）。

（柴崎菊恵）

〈参考文献〉
・特定非営利活動法人遺言・相続・財産管理支援センター「今を生きる高齢者のための法律相談」
・厚生労働省平成18年4月24日全国高齢者虐待防止・養護者支援担当者会議資料「Ⅰ高齢者虐待防止の基本」
・法務省人権擁護局「人権啓発教材虐待防止シリーズ高齢者虐待2」
・東京都福祉保健局「東京都高齢者虐待対応マニュアル」

6

高齢者と消費者被害について

6　高齢者と消費者被害について

Q1　投資詐欺

49歳の女性会社員です。82歳の母親と二人暮らしをしています。知らない間に、母親が怪しげな業者から電話勧誘を受け、投資ファンドへの出資金として300万円を現金で送ってしまいました。母親は、業者の男から「出資金は、東京オリンピックの関連事業に投資します。今出資すれば、年利10％の利息が付いて、しかも元本は2020年には全額戻ってきますよ。」といわれたそうです。母親は、業者の男が言うとおりに将来お金が支払われると信じていますが、詐欺ではないかと思います。

（1）私と母親は、どうすればいいですか？
（2）お金は戻ってきますか？
（3）警察から業者の男を捕まえてもらうことはできますか？
（4）母親がこれから同じような被害に遭わないためには、どうすればいいですか？

A1　投資詐欺

（1）被害に気付いたら、すぐに近くの消費生活センターや弁護士に相談してください。一般的には、早期であるほどお金が戻ってくる可能性は高くなります。

　　お金を支払うにあたって、書かせられた契約書やパンフレット、メモ類などは、後日裁判などで証拠になる可能性

がありますので、絶対に捨てないでください。
（２）お金が戻ってくるかどうかは、ケースバイケースというほかありません。
（３）一般的には警察は被害相談には乗ってくれますが、証拠が整っていない限りは被害届や告訴を受理してくれない場合が多く、逮捕も難しい場合が多いです。
（４）一度被害に遭うと、被害者名簿が出回り、後日その名簿を見た業者から被害者のところへ電話が架かってきて再び被害に遭う可能性があります（「二次被害」といわれます。）。

　　二次被害に遭わないようにするためには、まずは、高齢者の生活におかしなところがないか、家族や周囲がよく見守っていくことが大切です。

　　また、電話番号を変えてしまうという方法があります。電話番号を変えるのが難しいのであれば、電話機に録音機器を設置するという方法もあります。

　　高齢者の判断能力が低下しているのであれば、成年後見制度などを利用するという方法もあります。

Q2　健康食品の送り付け

　70歳の男性で、一人暮らしをしています。ある日、突然、「ご注文のあった健康食品を、代金引換で送ります。」との電話がありました。私には注文した覚えが全くありませんでしたので、その旨を伝えると、業者の男は、「確かに注文しています。代金は３万円ですよ。」と言いました。すると、

翌日、業者の男がいったとおりの商品が宅配便で自宅に送られてきました。
（１）私は、代金を支払って商品を受けとらなければなりませんか？
（２）電話で購入を承諾し、宅配業者に代金を支払い、商品を受け取ってしまった場合、業者へ返金を求めることはできますか？
（３）内容物を確認しないまま宅配業者に代金を支払い、商品を受け取ってしまった場合、受け取ってしまった商品はどうすればいいですか？

A₂ 健康食品の送り付け

（１）代金を支払う必要も、商品を受け取る必要もありません。
（２）電話勧誘販売として、業者には法定書面の交付義務があり、書面受領日から８日間はクーリング・オフができ、業者へ返金を求めることができます（特定商取引法24条）。
（３）いわゆるネガティブオプションであり、商品の送付があった日から14日間（業者へ引取請求をした場合は、請求日から７日間）はそのまま商品を保管し、使用・消費しないでください。14日間（７日間）以内に、商品の送付を受けた者が申込みを承諾せず、かつ業者が引取をしない場合は、期間経過後に商品を処分することができます（特定商取引法59条）。

第1 高齢者の消費者被害全般に関して

1 高齢者をめぐる消費者被害の実態
(1) 高齢者の消費者被害の増加

消費者庁の「平成27年版 消費者白書[1]」によると、全国の消費生活センターに寄せられた高齢者に関する相談は年々増加しており、65歳以上の高齢者に関する相談は、平成24年（2012年）度が21万4,404件、平成25年（2013年）度が27万1,477件、平成26年（2014年）度が26万949件となっています（図表1）[2]。

図表 1

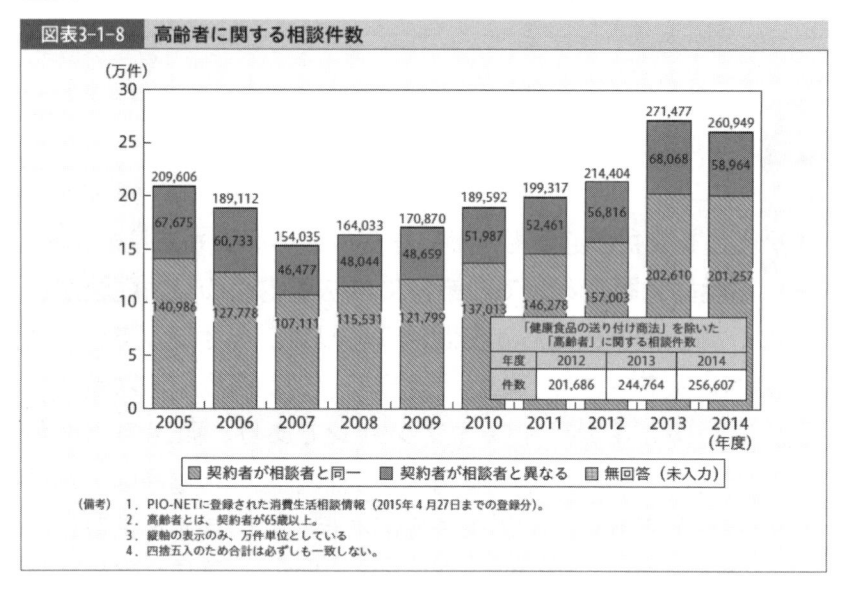

平成21年（2009年）度の消費生活相談件数を基準としてこれ

---

1 http://www.caa.go.jp/adjustments/index_15.html
2 「平成27年版 消費者白書」106、107頁。

を100とすると、65歳以上の高齢者に関する相談件数は152.7と、5年前と比べて52.7％増加しています（図表2）。同時期の65歳以上に関する高齢者の人口は13.8％増に留まることから、人口の高齢化以上に、高齢者に関する相談が増加していることが分かります[3]。

図表 2

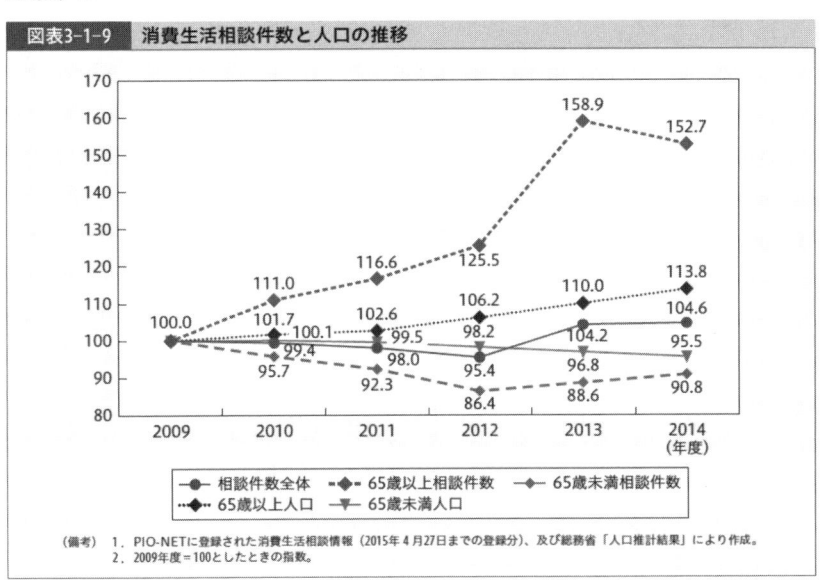

図表3-1-9	消費生活相談件数と人口の推移

```
          2009   2010   2011   2012   2013   2014(年度)
相談件数全体 100.0  101.7  100.1  95.4   104.2  104.6
65歳以上相談件数 100.0  111.0  116.6  125.5  158.9  152.7
65歳未満相談件数 100.0  99.4   98.0   86.4   88.6   90.8
65歳以上人口  100.0  102.6  106.2  110.0  113.8
65歳未満人口  100.0  95.7   92.3           96.8   95.5
                            99.5   98.2
```

（備考）1．PIO-NETに登録された消費生活相談情報（2015年4月27日までの登録分）、及び総務省「人口推計結果」により作成。
　　　2．2009年度＝100としたときの指数。

　高齢者に関する相談件数を5歳刻みで区分して平成21年（2009年）度以降の推移を見ると、85歳以上では平成26年（2014年）度は平成21年（2009年）度の86.7％増となるなど、年齢が高いほど相談件数が増加しています（図表3）[4]。

3　「平成27年版　消費者白書」108頁。
4　「平成27年版　消費者白書」108、109頁。

6●高齢者と消費者被害について　**121**

図表 3

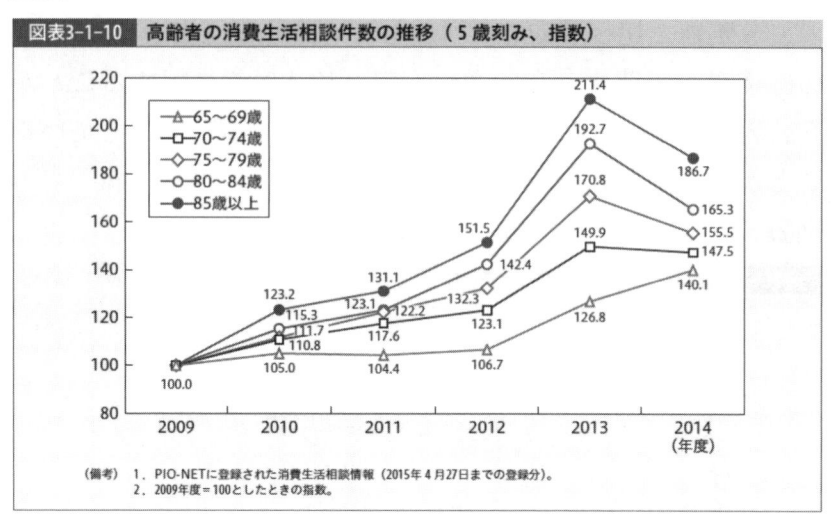

図表3-1-10 高齢者の消費生活相談件数の推移（5歳刻み、指数）

	2009	2010	2011	2012	2013	2014
65～69歳	100.0	105.0	104.4	106.7	126.8	140.1
70～74歳	100.0	115.3	122.2	123.1	149.9	147.5
75～79歳	100.0	111.7	117.6	132.5	142.4	155.5
80～84歳	100.0	123.2	131.1	151.5	170.8	165.3
85歳以上	100.0	110.8	123.1	142.4	211.4	186.7

（備考）1．PIO-NETに登録された消費生活相談情報（2015年4月27日までの登録分）。
　　　　2．2009年度＝100としたときの指数。

　また、高齢者に関する相談のうち上位商品を平成25年（2013年）度、平成26年（2014年）度で見ると、平成25年（2013年）度は、後述する「健康食品の送り付け商法」の影響で「健康食品」が多くなっていますが、平成26年（2014年）度は「アダルト商品サイト」、「光ファイバー」とインターネットに関連した相談が増加してきています[5]。加えて、「ファンド型投資商品」は両年度とも多く見られます。

---

5 「平成27年版　消費者白書」108、109頁。

図表 4

図表3-1-11 高齢者に関する相談が多い商品・サービス（上位5商品）

	2013年度	件数	2014年度	件数
1	健康食品（全般）	21,290	商品一般	22,968
2	商品一般	18,079	アダルト情報サイト	14,521
3	他の健康食品	12,370	ファンド型投資商品	9,353
4	ファンド型投資商品	11,825	光ファイバー	6,622
5	アダルト情報サイト	8,670	デジタルコンテンツ（全般）	6,425

（備考） PIO-NETに登録された消費生活相談情報（2015年4月27日までの登録分）。

　さらに、販売方法・手口別にみると、平成25年（2013年）度の70歳以上の高齢者では、次のようになっています（平成26年5月末日までの登録分）[6]。

	販売方法・手口	件数	70歳以上に占める割合(％)
1	電話勧誘販売	5万1420	24.6
2	家庭訪問販売	2万5830	12.4
3	劇場型勧誘	1万2623	6.0
4	代引配達	1万2555	6.0
5	利殖商法	1万1856	5.7
6	インターネット通販	7951	3.8
7	被害にあった人を勧誘（二次被害）	6645	3.2
8	かたり商法（身分詐称）	6177	3.0

（2）　高齢者の消費者被害が増加している原因

　高齢者の消費者被害に増加している原因としては、以下のものが考えられます。
　まず、高齢者は、老後のために長年蓄えた資産を手元に有している場合が多いですが、そのような資産が狙われ易いものと

6　http://www.kokusen.go.jp/soudan_now/koureisya.html

考えられます。そして、高齢者は「お金」、「健康」、「孤独」の3つの大きな不安を持っていると言われており、そういった多くの高齢者に共通する不安が悪質な業者から付け込まれる契機となるものと考えられます[7]。

また、年齢が上がるにつれ判断能力が低下するため詐欺の餌食になりやすいことや、高齢者は日中一人で自宅にいることが多いため訪問販売や電話勧誘販売等による被害に遭いやすいことなども原因として考えられます。

さらには、多くの高齢者にとっては、情報源が新聞やテレビなどしかなく、パソコンやスマートフォンなどを用いたインターネット情報へのアクセスに乏しいため情報が乏しく、自分が被害に遭っていることに気付きにくいことも原因として考えられます。

（3） 高齢者の消費者被害の特徴

高齢者の消費者被害の特徴としては、被害者本人がなかなか被害に遭ったことに気付かず、家族などの周囲が先に気付く場合が多いことが挙げられます。業者の説明を信じて値上がりを待ち続けて、ようやく詐欺被害に気付いた時点では既に数年も経っていたり、家族が詐欺だと気付いても被害者本人は騙されたことに気付いていなかったり（又は騙されたことを認めなかったり）することも少なくありません。認知症を伴った高齢者の場合は、そもそも被害の認識すらないケースも多いです。図表1を見ても、被害者本人以外が相談するケース（「契約者と相談者が異なる」）がかなりの割合であるのが分かります。

---

[7] 「平成25年度版　消費者白書」29～32頁。

また、高齢者の消費者被害の場合は、一件あたりの被害金額が大きいのも特徴です。手口別にみると、例えば健康食品の場合は数万円〜数十万円の場合が多いとみられるのに対し、ファンド型投資商品の場合は数百万円〜数千万円の場合が多いとみられ、特に被害金額が大きくなっています。

第2　Q1　投資詐欺に関して

1　詐欺被害に遭ったと気付いた場合の対応
（1）　投資詐欺

　高齢者の消費者被害の中で、近年特に問題となっているのが投資（ファンド型投資商品等）を騙った詐欺被害です[8]。

　ファンドとは、出資者から資金を募り、その資金を元手とした事業・投資などを行って得られた収益を出資者に配分する仕組み（集団投資スキーム）ですが、損失が出る可能性があるにも関わらず、「必ず儲かります。」、「出資金は5年後に必ず戻ります。」などと断定的・虚偽の勧誘をされたり、リスクについて十分な説明がないまま、実態が不明でかつ高額な出資契約を結ばされたりします。また、劇場型勧誘など振込め詐欺に近いケースも多くあります。

　一件あたりの被害金額が大きいのが特徴であり、投資の対象としては、東京オリンピック[9]やIPS細胞[10]、発展途上国での事業など将来性のありそうな事業やタイムリーな事業を騙る場

8　http://www.kokusen.go.jp/soudan_topics/data/fund.html
9　http://www.kokusen.go.jp/news/data/n-20131030_1.html
10　http://www.kokusen.go.jp/news/data/n-20140911_2.html

合が目立ちます。また、最近では、業者が海外に拠点を構えていたり、海外の銀行口座へ送金させるなど、海外を絡ませる手口も増えています。

　(2)　証拠の保全

　被害者本人である高齢者や家族等から相談を受けた場合、まず、高齢者がお金を支払うにあたって書かせられた契約書や業者から送付された領収証、パンフレットなどは、後日裁判等で重要な証拠となる可能性がありますので、絶対に処分されないようにしてください（場合によっては、弁護士が全て預かります。）。また、高齢者は、業者とのやり取りを手元にメモしていたり、日記や家計簿などを付けていたりする場合が多く、これらも重要な証拠となる可能性がありますので、処分されないようにしてください。

　まだ業者からの勧誘電話が継続している状況であれば、もし可能であれば家族や弁護士等立会いの下で、録音をして証拠を残してください。

　(3)　警察への相談

　詐欺被害に気付いた場合、被害者である高齢者やその家族は、関係者が警察により逮捕され処罰されることを期待します。

　しかし、警察は、被害相談は受けてくれても、証拠が整っていない限りは、被害届や告訴をなかなか受理してくれないというのが率直な印象です。その理由としては、警察は、契約であって民事の問題であり警察は不介入である、管轄が違う等と言いますが、実際上の理由としては、事件数が多いことや詐欺は証拠が乏しいことが多く立証が難しいことにあると思われま

す。このような警察の対応には問題があると言わざるを得ません。

2　被害回復のための調査
（1）　被害回復の可能性
　被害に遭った高齢者やその家族にとって最も関心があるのが、現実的に被害回復ができるかという点です。その見極めのために、受任前後の段階である程度の調査をしておくことが必要となります。
　被害回復できるかどうかはケースバイケースというほかありませんが、一般的には対応が早ければ早いほど被害回復の可能性は高まると言えます。
　まだ業者が事務所にいて活発に活動を続けている場合は、ある程度被害回復の見込みが立つ場合が多いともいえますが、業者が事務所から退去して既にもぬけの殻となっていたり、電話も通じないような場合は、業者自体からの回収は難しい場合が多いといえます。その場合は、業者の役員や従業員等の関係者からの回収を検討することになります。

（2）　証拠資料の検討、インターネットでの情報収集等
　まず、被害者である高齢者や家族から被害経緯を聴取し、被害者が所持している契約書や領収証、パンフレット等の証拠資料を検討します。
　これら被害者から得られた情報を元に、インターネット上の検索エンジンに業者名や商品名、代表者名等を入力して検索するだけでも、普通はかなりの情報を集めることができます。詐欺業者がウェブサイトを開設している場合も多いですが、突如

閉鎖される場合もあるので、プリントアウトする等により保全しておくのがよいでしょう。最近では関係者のFacebook等SNSから、誕生日や居住地等が判明する場合もあります。

　また、不動産登記情報や法人登記情報はインターネット上で取得することができますので[11]、インターネット上で不動産調査や法人調査もできますし、官報の検索も可能です[12]。

　古いウェブサイトで既に閉鎖されているものについても、復元サイトにより一部復元できる場合があります[13]。

　詐欺業者の銀行口座について、「犯罪利用預金口座等に係る資金による被害回復分配金の支払等に関する法律」（以下「振り込め詐欺救済法」といいます。）による凍結手続き（詳しくは、後述します。）が取られている場合は、その旨が預金保険機構のウェブサイト上で公告され、サイト上から口座情報等を検索することができます[14]。口座の残高も表示されますので、まだ権利が消滅していなければ、同口座を仮差押えするという方法があります。

　一通りの調査により代表者等関係者の住所が明らかになった場合は、受任後、住民票や戸籍・附票を取得して住所地を確認します。住民票等により住所地を確認できれば、住所地の不動産登記情報を取得して、不動産を有していないかを確認しま

11　登記情報サービス（http://www1.touki.or.jp/）
12　インターネット版「官報」（http://kanpou.npb.go.jp/）や、無料官報検索サービス（http://kanpoo.jp/）などがありますが、より詳細な検索については、有料の「官報情報検索サービス」（http://kanpou.npb.go.jp/search/introduce.html）の利用をお勧めします。
13　Internet Archive（https://archive.org/）
14　振り込め詐欺救済法に基づく公告（http://furikomesagi.dic.go.jp/）

す。

　なお、詐欺業者や代表者等について情報が余り集まらなくても、他の弁護士が情報を有している場合があり、各種メーリングリストで他の弁護士へ質問をすることが考えられますが、メーリングリストによっては弁護士であれば誰でも登録できるものもあるため（例えば、日弁連消費者メーリングリスト等）、業者側の弁護士も閲覧している可能性があり、質問の仕方や回答の受け方には注意が必要です。

　（3）　現地調査

　業者の事務所が近くにある場合は、直接足を運んで現地調査を行うのが良いでしょう。事務所に明かりが付いているか、看板や表札が出ているか、郵便物が溜まっているか、人が出入りしているかなどを見て、業者の活動状況を確認します。どこまで近づいて調査するのかにもよりますが、業者側の人間と接触する可能性が高い場合は、安全のためできる限り二人以上で行くのが良いでしょう。

　（4）　弁護士会照会

　受任後、弁護士会照会により、電話事業者へ電話番号の契約者情報を照会するという方法もあります。これにより、詐欺関与者の氏名・住所等が判明することがあるほか、料金引落先の銀行口座が見つかることがあります。電話事業者については、総務省のウェブサイトから調べることができます[15]。

　しかし、弁護士会によっては手数料が高い（東京三会の場

15　総務省　電話通信番号指定状況（http://www.soumu.go.jp/main_sosiki/joho_tsusin/top/tel_number/number_shitei.html）

合、1件あたり1万円弱）ほか、電話事業者によっては弁護士会照会では回答してくれないという問題があります。しかも、最近では、照会しても契約者として電話転送業者やレンタル業者が出てくることも多く、そこからさらに遡って照会を繰り返しても、最終的に得られた契約者の本人確認書類が偽造であるという場合もあり、費用や手間が掛かる割に徒労に終わることも少なくありません。

　（5）　登記申請書の添付書類閲覧

　法人の代表者以外の役員については、法人登記上に住所が記載されませんが、登記申請書の添付書類として、法務局に役員の就任届や辞任届が提出されている場合があります。これらを利害関係人として閲覧することにより、役員の住所を調査することが可能です。閲覧のためには、委任状、閲覧者の身分証、手数料（1通450円）のほか、利害関係を証明する資料（訴状写し、通知書写し等）が必要です。しかし、閲覧のみ可能であり謄写が認められないため（ただし、デジカメ撮影は可能です。）、直接、弁護士や事務員等が法務局へ足を運ぶ必要があるほか、保管期間が5年であり、それより前のものについては通常廃棄されてしまうので注意が必要です。

　（6）　情報開示請求

　詐欺業者が、官公庁のお墨付きとの印象を与え信頼性を高めるために、官公庁へ届出や登録等をして、ウェブサイトやパンフレット上にその旨掲載し勧誘を行っている場合があります。例えば、適格機関投資家等特例業務の届出をしておけば、ファンドの出資者に1名以上の適格機関投資家（プロ投資家）がおり、かつ適格機関投資家以外の者（一般投資家）が49名以下で

ある限り、金融商品取引業等の登録がなくてもファンド事業を行うことができますが（金融商品取引法63条）、この届出をした上で詐欺を働く悪質業者が数多くいます。そのような業者については、官公庁へ情報開示請求をすることにより、業者から提出された書類の開示を受けることが可能です。手数料も、請求自体については数百円しかかかりません。しかし、役員の住所等、肝心の情報が非開示情報として黒塗りにされている場合も多いです。

　（7）　刑事事件化している場合

　受任している案件や同種事件について、警察・検察が刑事事件として捜査を進め、関係者が起訴されて刑事裁判となっている場合があります。警察・検察が捜査権限に基づき収集した刑事裁判記録は、弁護士が収集できないものも多く、民事裁判でも重要な証拠となり得ます。

　刑事裁判記録の入手方法は、裁判が係属中か終了しているかにより異なります。

　裁判がまだ係属中の場合は、犯罪被害者等の権利利益の保護を図るための刑事手続に付随する措置に関する法律（いわゆる犯罪被害者保護法）により閲覧・謄写を行うことができます。

　依頼者がまさに刑事裁判の被害者となっている場合は、第1回公判期日から事件終結までの間、裁判所を通じて、閲覧又は謄写を求める理由が正当でない場合及び犯罪の性質等を考慮して閲覧又は謄写をさせることが相当でない場合を除き、閲覧又は謄写をすることができます（犯罪被害者保護法3条）。

　また、依頼者が同種余罪の被害者等である場合も、第1回公判期日から事件終結までの間、裁判所を通じて、損害賠償請求

権の行使のために必要があり、犯罪の性質等を考慮して相当であるときは、閲覧又は謄写をすることができます（犯罪被害者保護法4条）。この場合は、検察官へ同種余罪の被害者等にあたるとの疎明資料を提出し、検察官を経由して裁判所へ申出を行います。

　一方で、裁判終了（判決確定）後は、第一審の裁判をした裁判所に対応する検察庁の検察官（保管検察官）が、法定の保管期間中、記録を保管することになります（刑事確定訴訟記録法2条）。この保管記録については、裁判公開の原則（憲法82条1項）に照らし、原則として誰でも閲覧できるはずですが（刑事訴訟法53条1項、刑事確定訴訟記録法4条1項）、実際上は、プライバシー等の観点から、保管検察官により、かなりの程度閲覧が制限されるのが実情です（刑事確定訴訟記録法4条2項）[16]。また、判例では、訴訟関係人のする刑事確定訴訟記録法に基づく保管請求であっても、関係者の名誉又は生活の平穏を害する行為をする目的でされたなど、権利の濫用にあたる場合は許されないとされています[17]。

　なお、保管記録の謄写については刑事確定訴訟記録法上規定がなく、法務省訓令により、保管検察官が保管記録の閲覧を許すときは謄写を許すことができるとされているだけです（記録事務規程17条）。保管検察官のした保管記録謄写不許可処分に対しては、判例は、準抗告できないとしています[18]。

16　判決者の閲覧請求を不許可とした保管検察官の処分が刑事確定訴訟記録法4条2項4号及び5号の解釈適用を誤っているとされた事例として、最高裁判所平成24年6月28日第三小法廷決定（刑集66巻7号686頁）があります。
17　最高裁判所平成20年6月24日第二小法廷決定（刑集62巻6号1842頁）

これらの裁判係属中と裁判終了（判決確定）後の閲覧・謄写を比べると、前者については犯罪被害者保護という考慮が働くためか、閲覧・謄写の制約が少ない場合が多いという印象を受けます。

3　被害回復のための手続き
（1）交　渉
　被害者から聴き取った被害経緯や入手した契約書等の資料を元に、業者に対して返金を求める通知書を起案します。通知書には、今後訴訟となった場合に証拠になることを意識して事実経過等を記載します。時間が経てば経つほど業者からの被害回復は難しくなるのが通常である以上、起案はできるだけ速やかに行われるべきです。

　通知書は、速達の内容証明郵便等で業者へ送付するか、直接、業者の事務所へ持参します。持参する場合は、万が一に備えて（事務所には柄の悪い連中がたむろしている場合があります。被害者等が直接事務所へ押し掛けて来たときに対応させるために、業者が敢えて置いているものと思われます。）、又は対面交渉となる場合に数的劣位にならないようにとの配慮から、できる限り複数の弁護士で赴くべきです。

　業者との対面又は電話でのやり取りは、全てICレコーダー等で録音するようにしてください。これももちろん、後日訴訟となった場合に証拠とするためです。電話については、骨伝導のイヤホン型マイク[19]があれば、固定電話も携帯電話も簡単に

18　最高裁判所平成14年6月4日第一小法廷決定（刑集281号515頁）

録音でき便利です。

　業者によっては、交渉で返金に応じる場合もあります。業者としては、「面倒な」相手や「やっかいな」相手から順に返金していく訳ですから（まだ活動している業者の場合は、その原資は別の被害者の被害金であるのが通常です。）、様々な手を駆使して、できるだけ業者に「面倒」「やっかい」な相手と思わせるのがポイントです。返金に応じない場合でも、業者との交渉を通じて有益な資料や情報を引き出せる場合があります。

（2）　振り込め詐欺救済法に基づく口座凍結

　ア　金銭の支払方法が銀行振込みの場合は、振り込め詐欺救済法に基づく口座凍結手続きを行い、金融機関から振込先の口座を凍結してもらう（取引停止等の措置を講じてもらう。）という方法があります。凍結した口座にお金が残っていれば、そこから被害回復を図ることが期待できます。

　　振り込め詐欺救済法は、振り込め詐欺等の被害者に対する被害回復分配金の支払手続等を定める法律で、平成20年6月21日に施行されたものです。具体的には、金融機関は、口座等が犯罪に利用された疑いがある場合に凍結等の措置を適切に講じること（3条1項）、金融機関が口座等を凍結し、預金保険機構のウェブサイト上で口座名義人の権利を消滅させる公告手続を行った後、被害者から支払申請を受け付け、被害回復分配金を支払うこと等が定められています。なお、同法の概略及び手続き

19　ECM-TL3（SONY）等。

の流れについては、預金保険機構の「振り込め詐欺救済法に基づく公告」のページに概略図等が掲載されています[20]。

　振り込め詐欺救済法3条1項の規定を受け、全国銀行協会は、銀行振込を利用した犯罪行為の被害者代理人である弁護士から、被害者が振り込んだ口座等に関して、「振り込め詐欺等不正請求口座情報提供及び要請書」の書式を用いた情報提供を会員銀行において受けた場合には、当該情報提供が実在の弁護士からのものであることを確認でき次第、可及的速やかに当該口座等の凍結等の措置を講じるよう、内部規定を整備しています。したがって、弁護士が口座凍結手続きを行うためには、同書式を用いることが簡便かつ効果的です。同書式については、日弁連の会員専用ページからダウンロードすることができます[21]。

イ　しかし、振り込め詐欺救済法施行後7年以上経過した現在では、おそらく同法による口座凍結等を免れるためと思われますが、お金の支払について、現金の受渡しやレターパック等による郵送など銀行振込み以外の方法が取られる場合が多くなっています。その場合には、当然のことですが同法による口座凍結手続きを取ることはで

20　http://furikomesagi.dic.go.jp/
21　東京地方裁判所平成24年10月5日判決（判例タイムズ1389号208頁）は、「弁護士が、合理的な根拠や裏付け資料もないままに、日弁連の統一書式を使用して口座凍結等の要請を行うことは、およそ想定されていないというべきであり、弁護士の統一書式を使用した情報提供は、極めて信用性の高い情報と評価されてしかるべきである。」判示しています。

きません。

　また、十分な調査を行わないまま安易に口座凍結手続きを取ってしまうと、口座名義人等から損害賠償責任を問われる恐れもある点にも注意が必要です。したがって、同手続きを取るにあたっては、被害者からの十分な聴取りや客観的資料の確認等により事実関係を十分に確認し、振り込め詐欺救済法3条1項の要件該当性を慎重に検討する必要があります[22]。

　さらには、他の手続きとの関係での注意も必要です。すなわち、振り込め詐欺救済法によると、被害回復が実現するまでは預金債権の失権手続きと支払手続きを経る必要があり、被害者は支払手続きの中で金融機関へ被害回復分配金の申請を行い、金融機関の決定が出てようやく被害回復分配金が支払われます。これらの一連の手続きには、公告等の関係もあるため数か月は必要です。しかし、同法では、預金債権が失権するまでに第三者から仮差押えや訴訟等の法的手続きが行われた場合は、失権手続きは終了するとされています（6条）。つまり、法的手続きが行われれば、同法による手続きは一旦ストップし、先行する法的手続きにより同口座から別被害者への被害回復が行われてしまえば、口座残高がゼロになり又は減少し、依頼者の被害回復が実現できないおそれが

---

[22] 弁護士による口座凍結要請が違法だとして口座名義人が弁護士に対して損害賠償請求を行い、請求棄却された事案として、東京地方裁判所平成24年9月1日（判例時報2167号46頁、判例タイムズ1384号212頁）があります。

あります。しかも、口座等は公告されているため、他の弁護士等により法的手続きが取られる可能性は高いといえます。このように「早い者勝ち」のような状況となるため、弁護士としては、口座凍結手続き後、同法上の分配を漫然と待つのではなく、仮差押えや訴訟（債権者代位による預金債権払戻訴訟の提起[23]等）等の法的手続きを取ることを積極的に検討する必要があります。

（3） 仮差押え

調査により存在が判明した不動産、動産、預金、給料、生命保険の解約返戻金等の財産については、仮差押えを検討します。被害金の支払方法が現金の受渡しや現金送付などの場合は、事務所内等に現金が残っている可能性がありますので、その現金を狙って動産仮差押えを行うという方法もあります。

仮差押申立書の起案と併行して、資格証明書や不動産登記簿謄本等の添付資料の準備を進めるとともに、被害者から被害経緯を聴取して陳述書の作成も行います。

仮差押えをするにあたってネックとなり得るのが担保金ですが、損害賠償請求の場合は、目的物の価格の15％から35％程度とされており[24]、他の被保全債権の場合と比べて高額です。しかし、裁判官面接にあたっては、債権者は詐欺という犯罪被害者であって多くの財産をむしり取られたのに、更に高額の担保金の負担を求めることは不合理であること、被保全債権の疎明の程度も高いことなどを伝えて説得し、できるだけ担保金が低

---

23 「改訂Q＆A投資取引被害救済の実務」（日本加除出版）315頁以下に詳しいです。
24 「民事弁護教材　改訂民事保全（補正版）」（司法研修所）28頁。

額となるよう交渉すべきです。

（4）訴　訟

ア　交渉で返金に応じない業者に対しては、訴訟の準備を進めます。

　　訴訟を提起し、維持していくためにはそれなりの準備が必要ですが、高齢者の場合は、家族が連絡役となったり打ち合せに同席したりする等、家族の理解と手助けが必要となる場合も少なくありません。

　　また、特に高齢者が被害者となる場合は、若年者に比べて記憶を喪失し易く、年月の経過とともに判断能力も低下していくのが通常ですから、早めに被害者本人から被害経緯を聴き取り、陳述書を作成して証拠化しておくよう努めます。契約書・申込書・領収証・パンフレット等、証拠となり得るものは全て保全しておくようアドバイスし、場合によっては弁護士の方で全て預かっておきます。高齢者は、几帳面に電話でのやり取り等をメモしている場合も多く、高齢者自身はそのような手書きメモに証拠価値があることを認識していないことが多いですが、そのようなメモも全て保全しておきます。

イ　訴状を作成するにあたっての法的構成としては、外形上契約書が取り交わされている場合は、一応、不法行為構成と債務不履行構成が考えられます。

　　しかし、債務不履行構成は、不法行為構成と比べると、請求の相手方が契約の相手方に限られたり、遅延損害金の起算日が催告時（通常は、訴状送達日の翌日）であったり（不法行為構成は、不法行為時）、弁護士費用

の請求が困難であったり（不法行為構成では、通常、1割程度は弁護士費用分の損害として認められることが多いといえます。）というデメリットがあります。立証責任の点で債務不履行構成の方が有利と言われることがありますが、事実上この点に差異はありません。したがって、消滅時効について、不法行為構成が3年であるのに対し、債務不履行構成が10年であるとの点を除けば、あえて債務不履行構成を取るメリットはないでしょう。

ウ　不法行為の内容である違法性としては、詐欺ないし詐欺的取引、適合性原則違反、断定的判断の提供、説明義務違反、虚偽告知、公序良俗違反等の主張が考えられます。

　なお、特に証券事件で高齢者の場合に特に検討しなければならないのが、適合性原則違反です。適合性原則とは、顧客の知識、経験、財産の状況及び金融商品取引契約を締結する目的に照らして不適当と認められる勧誘を行ってはならないという原則をいい[25]、法令上も認められた原則です（金融商品取引法40条、商品先物取引法215条、特定商取引法7条4号・特定商取引に関する法律施行規則7条3号）。判例でも、最高裁平成17年7月14日判決（民集59巻6号1323頁）が、「証券会社の担当

---

[25] 消費者基本計画では「高齢者や若者など消費者の特性（知識、経験及び財産の状況等）に応じた勧誘を行わなければならないという原則」とされていますが、「狭義の適合性原則」として、「ある特定の利用者に対しては、いかに説明を尽くしても一定の商品の販売・勧誘を行ってはならないとのルール」とし、「広義の適合性原則」として、「業者が利用者の知識・経験・財産力・投資目的等に適合した形で販売・勧誘を行わなければならない」とするものがあります。

6●高齢者と消費者被害について　139

者が、顧客の意向と実情に反して、明らかに過大な危険を伴う取引を積極的に勧誘するなど、適合性の原則から著しく逸脱した証券取引の勧誘をしてこれを行わせたときは、当該行為は不法行為法上も違法となる」として、適合性原則違反が不法行為上も違法となり得ることを認めています。

　高齢者は、商品に見合った知識、情報収集・分析能力、判断能力、経験等を有していないことも多く、高齢者に対する勧誘は、知識や経験等に照らして不適当といえ適合性原則に違反する場合も多いでしょう。「商品先物取引の委託者の保護に関するガイドライン」でも、75歳以上の高齢者に対する勧誘は、原則として不適当な勧誘であるとされています。

　不法行為の違法性のうち、詐欺（ないし詐欺的取引）を主張するにあたって注意しなければならないのが立証の点です。詐欺とは人を欺罔して錯誤に陥らせることであり、欺罔行為（すなわち、虚偽の事実を告げる行為）を立証しなければなりませんから、主張の仕方によっては立証のハードルを上げてしまうおそれもあります。民事上の違法性が認められるためには必ずしも詐欺でなければならない必要はありませんから、実態が詐欺そのものであったとしても、詐欺（ないし詐欺的取引の主張）のみに拘泥すべきではなく、それ以外の違法性を主張することも併行して検討されるべきです。

　なお、詐欺取消しや消費者契約法に基づく取消し、公序良俗違反による無効、クーリング・オフによる解除等

を主張した上で、選択的に不当利得返還請求権ないし原状回復請求権を主張することも考えられます。

エ　詐欺商法の事案では、業者や代表者等を被告としてようやく損害賠償請求訴訟を提起しても、訴状の送達がスムーズに進まない場合が少なくありません。そもそも訴状記載の住所地に居住の実態がなかったり（無関係な場所に住民票上の住所だけが置いてあったり、事務所が貸オフィス・バーチャルオフィスであったりする場合等）、既に住所地から引き払っていたり、居住していたとしても訴状を受け取らなかったりする場合などがあります。このような場合には、裁判所（書記官）とやり取りをして、次の送達方法を検討したり現地調査を行ったりすることとなります。

　代表者の住所地や就業場所が判明している場合には、代表者送達や就業場所送達（民事訴訟法103条2項）を試みることとなります。

　住所地に居住しているものの訴状を受け取らないような場合は、書留郵便等に付する送達（付郵便送達。民事訴訟法107条）を検討することとなります。付郵便送達では、発送の時に送達があったものとみなされます（同条3項）。

　また、住所居所等が不明な場合等は、公示送達によることになります（民事訴訟法110条）。

　付郵便送達や公示送達の場合は、通常、居住の有無についての現地調査が必要となり、住所地に赴いて、居住の有無を確認した上で裁判所へ現地調査報告書を提出す

6●高齢者と消費者被害について　**141**

ることとなりますが、住所地が遠方の場合は費用・時間や労力の点で負担となります。最近では、1通数千円程度の費用で現地調査を行い報告書も作成してくれる業者もありますので、これを利用するのも一つの方法です。

　送達先が海外である場合、送達は、裁判長がその国の管轄官庁に嘱託して行うか（管轄裁判所送達）、又はその国に駐在する日本の大使等に嘱託して行うことになります（領事館送達。民事訴訟法108条）。領事館送達の方が便宜ですが、被告が外国籍の場合はできないとされているため、管轄裁判所送達によることになり、訴状等の翻訳が必要となり、翻訳者費用の問題が出てきます。

オ　訴訟継続中は、裁判上の証拠収集手続きも同時並行して行われるべきです。

　弁護士会照会によって回答しない照会先でも、裁判所の調査嘱託（民事訴訟法186条）や文書送付嘱託（同法226条）には応じる場合がありますし、弁護士会照会に比べて手数料もかかりません（なお、謄写する場合はもちろん費用がかかります。）。文書提出命令（同法221条）は要件が厳しいですが、発令されてしまえば従わなかった場合の制裁（真実擬制・過料）がありますので提出が期待できます。

　また、証拠保全（民事訴訟法234条）は、強制力はありませんが、500円の手数料で申立てができ、事案によっては有効な証拠収集方法となり得ます。なお、証拠保全は訴え提起前だけでなく訴え提起後もすることができますが（同法235条）、提起後代理人が就くと保全の必

要性が認められにくくなるように思われます。
（5） 執　行
　金融機関によっては、債務名義があれば弁護士会照会により口座情報を回答してくれるところもありますので、これらの照会先については、判決獲得（あるいは判決確定後）後に弁護士会照会を行うことも検討します。そして、存在が判明した不動産、動産、預金、給料、生命保険の解約返戻金等の財産については、速やかに差押えを実施します。

4　今後の被害の予防策
（1）「二次被害」の可能性
　一度詐欺被害に遭ってしまうと、被害者名簿（俗に「カモリスト」とも呼ばれます[26]。）が裏で出回り、後日その名簿を見た別の業者等から、「○○さんは△△の被害に遭われていますね。被害金を取り戻します。」、「特別なルートでお金が戻ってきます。」などと被害回復を騙る電話が架かってきたり、ハガキが送られてくるなどし、手数料等の名目でお金を要求され、再び高齢者が詐欺被害に遭ってしまう場合があります。再び詐欺被害に遭った高齢者が、その後更に重ねて詐欺被害に遭う可能性もあります。これらは、「二次被害」などと呼ばれます。
　これら「二次被害」を狙う業者の多くは、弁護士や警察、国民生活センター等の社会的信頼・権威のある専門家や公的機関、大企業等を騙り、少しでもお金を取り戻したいという高齢

---

[26] 被害者名簿だけではなく、被害回復をした被害者リスト（返金先リスト）が出回る場合もあるようです。

者の追い詰められた心理につけ込み、手元に残ったわずかなお金を奪おうとします。

　そのため、一度詐欺被害に遭ってしまった高齢者に対しては、このような「二次被害」の危険性を十分に説明し、繰り返し被害に遭わないように良くアドバイスをしておくことが重要です。

　アドバイスの内容としては、とにかく怪しい話があったらすぐに家族や友人など周囲に相談し、即断即決をしないということが最も大事です。そのためには、普段から、何かあればすぐに相談できるような人間関係が高齢者と周囲との間で構築されていることが必要ですが、一人暮らしで周りに話し相手がいない高齢者も多いですし、詐欺被害に遭ったことを家族や友人に話せないという高齢者も少なくありません。その場合は、最低限、弁護士や最寄りの警察へ連絡するよう伝えておくのがいいでしょう。

　（2）　電話番号の変更、電話機等の設置

　このように、一度詐欺被害に遭ってしまった高齢者は、再び詐欺業者に狙われる危険がありますが、連絡先が変わらない限りその危険は継続的に続くことになります。

　そこで、更なる被害を防ぐための方策としては、一度業者に知られてしまった連絡先（電話番号）を変更してしまうのが確実であるといえます。

　しかし、特に自宅の電話番号などは長年使っている番号であるため高齢者本人にとっても馴染みがある場合も多く、変更した場合周囲への連絡も必要となるため、変更をためらう高齢者も少なくありません。

　そこで、電話番号を変更しない場合は、電話機を振り込め詐

欺撃退機能付のもの[27]に替えたり、現在使用している電話機に振り込め詐欺対策装置[28]を設置するという方法もあります。振り込め詐欺対策装置であれば、現在使用している電話機を新しく買い換える必要もありません。これらの機器には、着信拒否、通話内容の録音や警告音声の発信等の機能が付いており、取付けにより振り込め詐欺等の撃退に効果があったという調査結果も出ています。

これらの機器の導入には、数千円から数万円あるいは月額数百円のコストがかかりますが、一度被害に遭ってしまえば数十万円から数百万円、時には数千万円もの被害が生じてしまう可能性があることからすれば、決して高い買物とは言えないでしょう。

（3） 成年後見制度の利用

また、判断能力が喪失・低下している高齢者の場合には、成年後見制度を利用するという方法もあります。申立てに費用と若干の手間がかかりますが、財産管理権の全部ないし一部が後見人等に移りますので、高齢者の財産と生活を保護するためのもっとも確実な方法の一つと言えるでしょう。さらに、弁護士との財産管理契約を利用するという方法もあります[29][30]。

27　現在、電話機を振込め詐欺撃退機能付の電話機としては、SHARP の JD-AT80CL/CW（http://www.sharp.co.jp/phone/products/jdat80.html）や、Panasonic の VE-GD24（http://panasonic.jp/phone/gd24/）などが販売されています。
28　振込め詐欺対策装置としては、振込め詐欺見張り隊（http://www.lets-co.jp/lets/index.html）や、トビラフォン（http://tobilaphone.com/）などが販売されています。
29　東京弁護士会（http://www.toben.or.jp/bengoshi/soudan/koureisya/zaisan.html）
30　大阪弁護士会、財産管理契約（http://www.osakaben.or.jp/05_menu/01_seinenkouken/files/pamphlet.pdf）

第3 Q2 健康食品の送り付けに関して

1 ネガティブオプションについて
（1） ネガティブオプションとは
ア　ネガティブオプションとは、事業者が、商品購入の申込み・契約をしていない消費者に対して、売買契約の申込みをし、かつ商品を送付することをいい、特定商取引法59条により規制されています。これは、注文をしていないのに一方的に商品を送り付けてきて代金を請求する販売方法であり、「送り付け商法」「押し付け販売」とも呼ばれます。

近年、高齢者を狙った健康食品の送り付け商法が急増しています[31][32]。健康食品だけでなく、カニなど魚介類の送り付け商法も数多く発生しています[33]（「カニカニ詐欺」などとも呼ばれています。）。

代金引換だけでなく、商品と一緒に消費者の氏名・住所等を記入した現金書留封筒を同封するという新たな手口も出てきています[34]。

個別の被害金額としては、正確な数字は分かりませんが、商法の性質上1件数千円から数十万円程度であると思われ、比較的少額であるため、弁護士の下で事件化す

---

[31] http://www.kokusen.go.jp/news/data/n-20130523_1.html
[32] http://www.kokusen.go.jp/news/data/n-20121101_1.html
[33] http://www.kokusen.go.jp/soudan_topics/data/kani.html
[34] http://www.kokusen.go.jp/news/data/n-20130930_1.html

ることが少ないものと思われます。
イ　なお、業者から押し切られて電話で商品の購入を承諾してしまう事例も多く見られますが、購入を承諾してしまった場合はネガティブオプションではなく電話勧誘販売になるものと考えられます（特定商取引法2条3項）。

（2）　特定商取引法上の規制

ア　民法上の原則からいえば、一方的に商品を送り付けられて契約を申し込まれても、これを承諾しない限りは、当然、契約は成立せず、商品の返送義務も代金の支払義務も生じません。

　　しかし、一旦商品を受領した後においては、「自己の財産と同一の注意」（民法659条）をもって保管する義務を負うかどうかはともかくとして、他人の所有物である以上は勝手に処分することはできないと考えられます。

　　このような状態により消費者に過重な負担が生じることを避けるため、特定商取引法59条は、商品の送付日から14日以内（商品の引取りを請求したときは7日以内）に消費者がその商品の購入を承諾せず、かつ事業者が商品を引き取らないときは、事業者はその商品の返還請求権を失うとしています。その反射的効果として、上記期間経過後に消費者がその商品を処分しあるいは使用・消費しても、事業者は、損害賠償請求も代金請求もできず、消費者は商品を購入したことになりません。

　　他方で、消費者が送付された商品を上記期間内にその用法に従って使用・消費したときは、購入を承諾したものと扱われますので（民法526条2項）、注意が必要で

6●高齢者と消費者被害について　147

す。

　特定商取引法59条は、指定商品制の限定がなく、全ての商品に適用されます。したがって、送付された商品が健康食品であれカニであれ、同条が適用されることになります。

イ　事業者が送り付けた商品の代金を請求しようとするときは、事業者側で、消費者が上記期間内に購入を承諾し又は商品を使用・消費したという事実を立証しなければなりません。したがって、高齢者が電話で曖昧な返事をしたとしても、業者側で承諾の事実を立証する必要があります。

　また、送付された商品の梱包を開いただけでは、商品の用法に従って使用・消費したとは言えないため、承諾とは評価できません。同様に、内容物を理解しないまま宅配業者へ代金を支払ったり、他の家族が注文したものと誤解して代金を支払ったとしても、承諾したものとは解されません。

(阿部克臣)

7

高齢者の相続税対策

7　高齢者の相続税対策

Q 平成27年から相続税の基礎控除額が減少しますが、高齢者として、今後の相続税対策をどのように備えれば良いでしょうか？

1　相続税の基礎控除額は、今まで（平成26年中）定額控除額5,000万円と法定相続人比例控除額1,000万円×法定相続人数でしたが、平成27年1月1日から、定額控除額は3,000万円となり法定相続人比例控除額は600万円×法定相続人数となります。したがって、従来より4割減少し6割相当額となります。

　このため、従来、相続税の課税割合は全国平均で約4.19％でしたが、基礎控除額が減少するため、大都市内では、課税割合が10数％になる可能性があります。また、大都市内の一戸建住宅でも、相続税が課税される人が多くなると想定されます。

2　因みに、過去の基礎控除額（定額部分）は次のとおり推移しており、今後の地価及び物価水準等の変動状況を踏まえて、基礎控除額を見直すこととなりました。

　　　　昭和50年～　　　2,000万円
　　　　昭和63年～　　　4,000万円
　　　　平成4年～　　　 4,800万円
　　　　平成6年～　　　 5,000万円
　　　　（平成27年～　　3,000万円）

3　基礎控除額の引き下げ

　基礎控除額とは、相続財産の課税価格から差し引き出来る一定の額です。

　上記１に記載の通り、従来（平成26年中）の基礎控除額は、定額控除額5,000万円と法定相続人比例控除額1,000万円×法定相続人数で、仮に法定相続人が４人の場合、5,000万円＋1,000万円×４＝9000万円が基礎控除額として相続税の計算上相続財産の課税価格から差し引かれました。

　ところが、平成27年１月１日からは、定額控除額が3,000万円、法定相続人比例控除額が600万円×法定相続人数となり、基礎控除額は3,000万円＋600万円×４＝5,400万円で、従来より3,600万円少なくなります。

4　小規模宅地の減額

　小規模宅地の特例とは、居住用や事業用に使われていた土地を相続した場合、一定の要件に該当すると土地の課税価格が減額される制度です。

　この特例のうち居住用の適用対象面積が現行の240m^{2}から330m^{2}に拡大されます（平成27年から）。

　詳細は、後ほど項目10で、小規模宅地の特例による減額で述べます。

5　未成年者控除及び障がい者控除の引き上げ

　①　相続人が未成年者の場合、その未成年者が20歳になるまでの年数１年につき６万円を相続税額から控除できますが、平成27年１月１日からは、１年につきその控除額

は10万円となります。
　②　相続人が障がい者の場合、その障がい者が85歳になるまでの年数1年につき6万円（特別障がい者については12万円）を相続税から控除できますが、平成27年1月1日からその控除額は10万円（特別障がい者については20万円）となります。

6　相続税の税率が高くなる

　今まで相続税の最高税率は50％でしたが、平成27年1月1日からは最高税率が55％になります。

平成26年中		改正後 （平成27年1月1日以降）	
法定相続人の 取得金額	税率	法定相続人の 取得金額	税率
1,000万円以下	10％	1,000万円以下	10％
3,000万円以下	15％	3,000万円以下	15％
5,000万円以下	20％	5,000万円以下	20％
1億円以下	30％	1億円以下	30％
3億円以下	40％	2億円以下	40％
^	^	3億円以下	45％
3億円超	50％	6億円以下	50％
^	^	6億円超	55％

7　贈与税の改正
　①　20歳以上の者が直系尊属から贈与を受ける財産は、贈与税が軽減される。

平成26年中		改正後 (平成27年1月1日以降)	
基礎控除後の課税価格	税率	基礎控除後の課税価格	税率
200万円以下	10%	200万円以下	10%
300万円以下	15%	400万円以下	15%
400万円以下	20%	600万円以下	20%
600万円以下	30%	1,000万円以下	30%
1,000万円以下	40%	1,500万円以下	40%
^	^	3,000万円以下	45%
1,000万円超	50%	4,500万円以下	50%
^	^	4,500万円超	55%

② ①以外の贈与財産に係る贈与税率（一般の贈与）

平成26年中		改正後 (平成27年1月1日以降)	
基礎控除後の課税価格	税率	基礎控除後の課税価格	税率
200万円以下	10%	200万円以下	10%
300万円以下	15%	300万円以下	15%
400万円以下	20%	400万円以下	20%
600万円以下	30%	600万円以下	30%
1,000万円以下	40%	1,000万円以下	40%
^	^	1,500万円以下	45%
1,000万円超	50%	3,000万円以下	50%
^	^	3,000万円超	55%

8　今後の相続税対策

①　まず、生前対策として、計画的に毎年子や孫に贈与をして、財産を移転させるのが最良の方法です。

それには、贈与者と受贈者とが贈与契約を結ぶ必要がありますが、面倒でも証拠を残すために、次のような贈与契約書を作成しましょう。

贈与契約書

第1条　贈与者山田一郎は、金500万円を受贈者山田三郎に贈与する事を約し、受贈者はこれを受諾した。

第2条　贈与者山田一郎は、即日、上記金額を受贈者山田三郎が指定する口座（○○銀行○○支店口座番号○○○○）に振り込んで履行した。

平成27年2月20日

　　贈与者住所　　東京都文京区○○3丁目2-1
　　　　氏名　　山田一郎　　　　印

　　受贈者住所　　埼玉県越谷市○○5丁目○○番地
　　　　氏名　　山田三郎　　　　印

＊贈与は、基本的に毎年継続して行い、翌年には贈与税の申告をする必要があります。

②　仮に、平成27年になって、20歳以上の子に500万円を贈与した場合、贈与税の計算式は次のとおりです。

500万円－110万円（基礎控除）＝390万円（課税価格）

390万円×税率15％－10万円（速算控除額）＝48万5,000円（贈与税額）

③　その他の生前贈与の制度

ア　教育資金の一括贈与の特例

　　30歳未満の子や孫に、一人当たり1,500万円まで教育資金に充てるために金銭等を拠出し、金融機関等に信託等をした場合、贈与税は非課税となります（拠出期間は平成31年3月31日まで）。

イ　贈与税の配偶者控除

　　婚姻期間が20年以上の配偶者から、居住用の土地、建物、又は居住用の土地建物を取得するための金銭を贈与された場合に限り、その財産に係る贈与税の課税価格から基礎控除額（110万円）以外に2,000万円を控除する制度です。

　　この制度は、相続開始の年にも適用され、相続開始前3年以内の贈与財産の相続財産への加算の適用は受けません。

ウ　相続時精算課税制度による贈与

　　相続時精算課税制度とは、贈与者が60歳以上、受贈者が20歳以上（推定相続人である直系卑属又は孫）の場合、贈与される金額が合計2,500万円まで控除され、相続の際、その遺産に贈与分を加えて相続税を精算する制度です（平成27年1月1日から緩和される）。

9　土地の評価を、建物を建てることで下げる。または収入を上げる。

　土地所有者が、その土地を更地または駐車場として所有している場合、その土地は更地として扱われ、評価額どおりの金額になります。

　例えば、路線価が１m²25万円で400m²の面積があれば、１億円の評価額となります。

　しかし、その土地の上に、仮にアパートを建てると貸家建付地となり、貸家の賃借人がいるため処分が制限され、次のように土地の評価額が低くなります。

　25万円×400m²×（１－借地権割合60％×借家権割合30％）
　　　　　　　　　　　　　　　　　　　　　　＝82,000,000

　なお、建物の評価額は、固定資産税評価額×（１－借家権割合30％）ですので、建物の評価額が5,000万円としますと、70％の3,500万円となります。

10　税法上の特典を最大限に活用する

　申告期限内に申告して、税法上の特典を最大限に受けることが節税になります。

　①　小規模宅地の特例による減額

　　小規模宅地の特例制度は、相続人の生活基盤への配慮から認められた制度で、該当すれば評価額を下記のとおり80％〜50％軽減されるので、是非、利用してください。

記

用　途	減額割合	面　積
特定居住用宅地等	80%	240m²まで　但し27年以降は330m²まで
特定事業用宅地等	80%	400m²まで
特定同族会社事業用宅地等	80%	400m²まで
貸付事業用宅地等	50%	200m²まで

　ア）**特定居住用宅地等の軽減**

　特定居住用宅地等とは、被相続人が、相続開始時に住んでいた土地等を指し、<u>小規模宅地の特例による評価減額を受けるためには</u>、次の条件のいずれかを満たす必要があります。

　　1　<u>配偶者であること</u>。
　　2　<u>被相続人と同居していた親族であること</u>。
　　　この場合、申告期限までその土地を保有し、且つ、申告期限までその家に住み続けること。
　　3　<u>配偶者又は同居の親族がいない</u>場合、別居していた親族のうち<u>相続開始の3年前から自分又は自分の配偶者が保有していた家に住んでいない人</u>。
　　　この場合は、申告期限までその土地を保有し続けること。

② **配偶者の税額軽減**

　配偶者の相続分が、法定相続分か、又は1億6,000万円以下である場合、配偶者が納付すべき相続税の全額に

ついて税額軽減が受けられ、相続税の納付額はありませんが、相続税の申告は必要となります。

③　**孫を養子にして法定相続人を増やすのも、ひとつの方法です。**

④　婚姻期間が20年以上の配偶者から、居住用の土地、建物又はその資金を贈与で取得した場合、基礎控除額（110万円）以外に2,000万円控除出来る制度があります（既述）。

⑤　未成年者控除又は障がい者控除を受ける（既述）

ア　未成年者控除は、20歳までの１年につき10万円の税額控除があります。

イ　障がい者控除は、85歳までの１年につき10万円（特別障がい者については20万円）の税額控除があります。

⑥　**個人又は共有資産の法人化によるメリット**

　不動産の所有者又は共有所有者が、高齢になり認知症等になった場合、成年後見人制度を利用しないと不動産の売買等が出来ないことがあります。

　この場合、所有者の名義を法人化しておけば、代表者の名義を変更するだけで簡単に取引ができるようになります。親族間には後見人が介入するのを嫌う傾向があり、後見人選任制度はなかなか難しいので、そういう意味でも法人化するメリットはあります。

　また、相続人間の出資持ち分が分散され、評価額が低くなるメリットもあります。

（西垣義明）

8

後見人制度とは

8　後見人制度とは

Q1 最近、母親が高齢による認知症のため、自身の財産をしっかり管理できていないようで不安です。どうすればよいか？

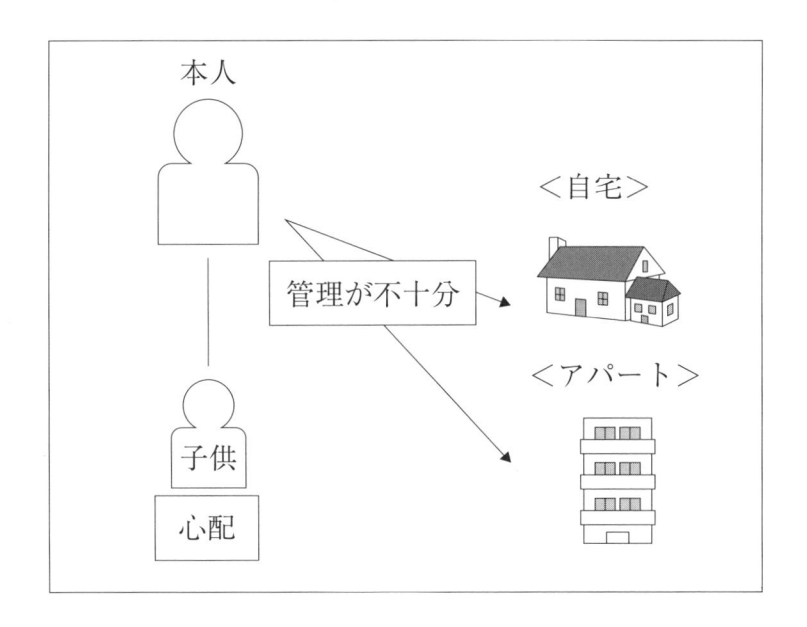

A 本人を成年被後見人として、成年後見人が本人の財産を管理するという、後見人制度を利用することができる場合があります。母親を被後見人とするには、子やその他の親族などが家庭裁判所に申立てを行って、家庭裁判所が後見開始の審判をすることが必要となります。成年後見人は、家庭裁判所によって選任されるもので、子やその他の親

族が選任される場合も、弁護士などの第三者が選任される場合もあります。

　当然のことですが、人は、本人が所有する財産を、自らの意思に基づいて管理・収益・処分することができます。したがって、人は、本人以外の人からすると浪費にしか見えないこと、例えば、日常生活のために必要のない高級品や嗜好品を購入したり、本人が所有する財産を誰かに贈与したり、寄付したりすることも、自らの意思に基づいて行うことができます。
　しかし、高齢による認知症などの原因により、記憶力、理解力及び判断能力がなくなってしまっている人などが、いたずらに財産を失ってしまう行為を行うことを、放置すべきではありません。そこで、民法は、成年後見人制度を規定しています（民法 7 条〜10 条）。なお、本人の能力の程度に応じて、成年後見人制度だけではなく、保佐人制度、及び、補助人制度もありますが、本章においては、紙面の関係上、主に成年後見人制度についてご紹介しております。

第1　成年後見人制度とは

　成年後見人制度のもとでは、精神上の障害（認知症を含みます）により、事理を弁識する能力を欠く常況にある者[1]であって、家庭裁判所から後見開始の審判を受けた者（成年被後見人、以下、単に「被後見人」又は「本人」という場合があります。）には、①<u>財産に関する包括的な代理権（民法859条）が与えられる成年後見人が付され</u>、②<u>本人が行った法律行為は、日用品の購入その他日常生活に関する行為を除き、成年後見人の同意の有無にかかわらず取り消すことができる</u>ことになります（民法9条）。

　取引の相手方（日用品の購入その他日常生活に関する場合を除く）からすれば、本人と取引を行っても、後に取引が取り消されてしまう可能性があるため、代理権を有する成年後見人との間で取引をせざるを得なくなります。そのため、被後見人として審判を受けた者は、事実上、自ら、不動産を売却したり、絵画を購入したりといった取引行為（日用品の購入その他日常生活に関する行為を除く）を行うことができなくなります。

1　「身体上の障害を除くすべての精神的障害（知的障害、精神障害、認知症、外傷性脳機能障害等）により、法律行為の結果が自己にとって有利か不利かを判断することができない程度の判断能力にある者」をいいます（片岡武他「家庭裁判所における成年後見・財産管理の実務」（第2版）平成26年7月）。

第2　成年後見人の権限及び義務

　成年後見人の職務には、①財産管理（民法859条）、及び、②身上監護（民法858条）に関する事務があります。財産管理は、成年後見人が、本人の所有財産を管理すること、及び、財産に関する本人の法律行為を代理することなどの事務を意味します。また、身上監護は、成年後見人が、本人の生活や療養看護に関する事務を行うことなどを意味します。詳しくは、本章Ｑ２（167頁以降）をご覧ください。

第3　成年後見登記制度

　後見開始の審判がなされると、法務局において、後見等の種類、審判の確定日、本人の氏名、生年月日、成年後見人等の氏名などが登記されます。成年後見登記がなされると登記事項証明書の交付を受けることができますが、プライバシーに関係する情報であるため、交付請求できるのは、本人、配偶者、四親等内の親族等に限られています。同様に、登記されていないことの証明書の交付も請求することができます。

Q2 家庭裁判所に母親の後見開始の審判の申立てを行ったところ、私が成年後見人に選任された。何をすればよいか？

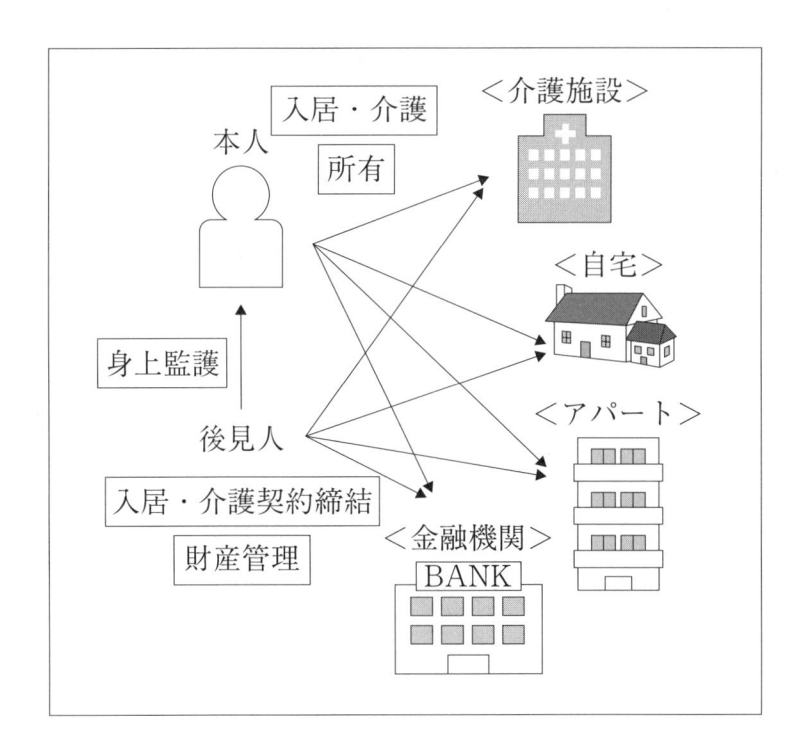

図中:
- 本人
- 入居・介護
- 所有
- ＜介護施設＞
- ＜自宅＞
- ＜アパート＞
- 身上監護
- 後見人
- 入居・介護契約締結
- 財産管理
- ＜金融機関＞ BANK

A 成年後見人は、本人の意思を尊重し、心身の状態及び生活の状況に配慮しながら、本人の所有財産を管理し、財産に関する本人の法律行為を代理し、本人の生活や療養看護に関する事務を行います（民法858条、859条）。

そのため、成年後見人は、就任してからすぐに、①記録の

謄写、②被後見人を含む関係者との面談、聴取など、③財産状況の調査、財産目録の作成及び財産等の引き継ぎ、④金融機関等に対する届出、⑤年間収支予定表の作成、及び⑥その他各種届出及び登記事項証明書の取得などを行う必要があります。

第1 就任時の事務

　成年後見人が、就任してから、すぐに行うべき事務の例を列挙します。

1 記録の謄写

　後見人となった者が（後見開始の申立てを行った者と別である場合は特に、）後見開始申立てに至る経緯などを把握するために、担当書記官に連絡し、家庭裁判所の許可を得て、記録の謄写を行い、記録を精査すべきです。

2 被後見人を含む関係者との面談、聴取など

　成年後見人は、本人の意思を尊重し、心身の状態及び生活の状況に配慮しなければなりませんので（民法858条）、本人とは当然に面談し、その意思、心身の状況及び生活の状況を把握すべきです。また、申立人や親族などの関係者からも事情を聴取すべきです。

3　財産状況の調査、財産目録の作成及び財産等の引き継ぎ

　成年後見人は、被後見人の全ての財産を管理することも職務ですから、選任審判が確定した後、遅滞なく被後見人の財産の調査に着手し、1か月以内に調査を終了して財産目録を作成しなければなりません（民法853条）。また、成年後見人は、被後見人の現金、有価証券、預金通帳、権利証、印鑑（実印・銀行印）、印鑑登録カード等を、管理していた人から引き継ぎます。

4　各金融機関に対する届出

　成年後見人は、通常、被後見人が口座を有する各金融機関に対して、後見開始の審判があったこと、及び、自らが後見人に就任したことを届け出る必要があります。

5　年間収支予定表の作成

　成年後見人は、被後見人の財産状況や生活状況などを見ながら、被後見人の生活、療養看護及び財産管理のために毎年支出すべき金額を予定しなければなりません（民法861条1項）。なお、後見事務を行うために必要となる費用は、被後見人の財産の中から支出します（同条2項）。

6　その他各種届出及び登記事項証明書の取得など

　成年後見人は、その他、必要に応じて届け出を行います。また、成年後見人としての権限を証明するために、成年後見登記の登記事項証明書を取得しておく必要があります。

第2　在任期間中の事務

1　財産管理

　成年後見人は、被後見人の生活に必要となる法律行為全般について、代理します。但し、身分行為（婚姻や養子縁組等）や遺言など本人でなければできない法律行為を除きます。具体的には、成年後見人は、預貯金を管理したり、収入と支出を管理したり、必要となる契約を締結したり、金融商品の管理をしたり、税務処理を行ったりします。

2　身上監護

　成年後見人は、本人の意思を尊重し、心身の状態及び生活の状況に配慮しなければなりません（民法858条）。具体的には、成年後見人は、本人が希望する介護を受けられるように、本人の財産等の状況から、施設入所ではなく在宅生活を選択したり、ケアマネージャー等と打ち合わせを行ったり、介護保険など自治体に対する手続、医療機関や介護サービス事業者との契約締結を行ったりします。また、成年後見人は、定期的に、本人や主治医等に面談するなどして、本人の状況を確認し、本人を見守る必要があります。もっとも、成年後見人の職務として、実際の介護行為などが求められるわけではありません。

　なお、医療機関から、医療行為に関する同意を求められることがしばしばありますが、成年後見人は、医療機関との契約を締結する権限はあるものの、医療行為への同意権はないと考えられています（「東京家裁後見センターにおける成年後見制度運用の状況と課題」判タ1165号107号）。

Q3 将来、自分の判断能力が低下した時に、私の成年後見人になってもらいたい人がいる。どうすればよいか？

```
本人        <自宅>    <アパート>

将来、子Bに後見人になってもらいたい

  子A    子B    子C
```

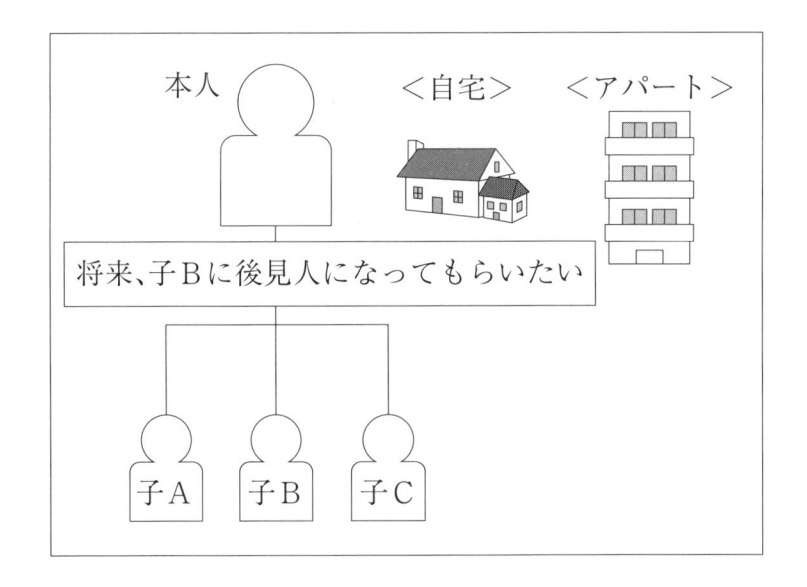

A 本人が信頼している人物との間で公正証書により任意後見契約を締結しておくことにより、高齢による認知症等の原因により本人の判断能力が低下し、事理を弁識する能力が不十分な状況となった場合に、本人が信頼している人物に、本人に代わって、財産を管理してもらったり、必要な契約締結などを代理してもらうことができます。

第1　任意後見制度とは

　任意後見制度は、認知症の高齢者等を保護するため、公正証書による契約により、本人の生活、療養看護、財産の管理に関する代理権を受任者に付与する制度です（任意後見契約に関する法律（以下、「任意後見法」という。）2条1号、3条）。

　通常の成年後見人制度における後見人は、（本人が選ぶのではなく）家庭裁判所が選任するのに対して、任意後見制度における後見人は、任意後見人になることを引き受けた人（以下、「任意後見受任者」といいます。）を、本人が前もって選んでおくことになります。

　すなわち、本人は、事理を弁識する能力に問題がない時点での自らの意思に基づいて、将来、事理を弁識する能力が不十分な状況となったときのために、任意後見受任者との間で、任意後見契約を締結しておくことができます。

　なお、任意後見人は複数でも構いませんが、それぞれの任意後見人が独立して権限を行使することができるのか、又は、共同してのみ権限を行使することができるのか、独立して権限を行使することができるとしてその範囲等を決める必要があります。

第2　任意後見契約の締結

　任意後見契約の締結は、任意後見法3条により、公正証書でしなければならないことになっています。したがって、公正証書ではない契約書を作成して、当事者が署名・押印したとしても、有効な任意後見契約とはいえませんので、注意が必要で

す。なお、任意後見契約は、公証人の嘱託によって、法務局で登記されることになります。

第3　任意後見人の業務の開始時期

　任意後見人になることを引き受けた人や親族等が、本人の同意を得た上で、家庭裁判所に対し、本人の判断能力が低下し、任意後見事務を開始する必要が生じたので、任意後見人を監督すべき任意後見監督人を選任して欲しい旨を申立てます（任意後見法4条1項本文、同条3項）。家庭裁判所が、任意後見監督人を選任すると、その時点から、任意後見受任者は、任意後見人として、契約に定められた業務を開始することになります（任意後見法2条1号）。

第4　任意後見契約の解除

　任意後見監督人が選任される前においては、本人又は任意後見受任者は、いつでも、任意後見契約を解除することができます。但し、解除は、公証人の認証を受けた書面によって行う必要があります（任意後見法9条1項）。
　任意後見監督人が選任された後においては、本人又は任意後見人は、自由に任意後見契約を解除することができず、正当な事由がある場合に限り、家庭裁判所の許可を得て、任意後見契約を解除することができることになります（任意後見法9条2項）。

Q4 成年被後見人が、結婚をしたい、養子縁組をしたい、又は、遺言を書きたいといっている。成年後見人としてはどうすればよいか？

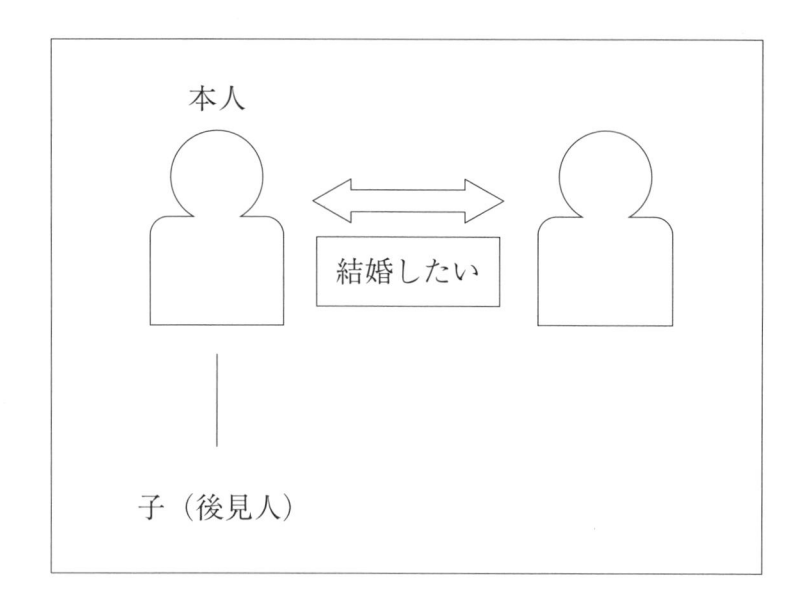

図中：本人　結婚したい　子（後見人）

A 成年後見人は、原則として、婚姻、離婚、養子縁組、養子離縁、認知等の身分上の行為や遺言の代理権を有しません。したがって、成年後見人が、これらの身分上の行為等を代理して行うことはできません。

　婚姻、離婚、養子縁組、養子離縁、認知等の身分上の行為や遺言は、一身専属的行為であり、成年被後見人の意思決定によるべきであり、後見人は、原則として代理権を有せず、

同意権も有しません（民法738条、764条、799条、812条、962条）。但し、人事訴訟については、成年被後見人が訴訟を追行することは困難であるため、成年後見人が、成年被後見人のために原告として訴え、または被告として訴えられることができるとされています（人事訴訟法14条1項本文）。

　意思能力を有する成年被後見人は、自らの意思に基づいて、これらの身分上の行為等を行うことができますが、意思能力を欠く成年被後見人は、法律に規定がある場合を除いて身分行為等を行うことができません。なお、意思能力とは、法律関係を発生させる意思を形成し、それを行為の形で外部に発表して結果を判断、予測できる知的能力をいいます（有斐閣「法律用語辞典」（第4版））。成年被後見人は、事理を弁識する能力を欠く常況にある者として、家庭裁判所から後見開始の審判を受けていることからすると（民法7条）、意思能力を欠いていることが通常と思われます。

Q5 成年後見人は、本人の財産に関する全ての法律行為を代理する権限を有しているので、後見人が本人を代理して、本人の財産である不動産を後見人に贈与することもできるか？

A 成年後見人が、本人から不動産の贈与を受けることは、利益相反行為に該当します。後見人と被後見人の間で、利益相反行為を行う場合、①後見監督人が選任されていない場合には、家庭裁判所に、特別代理人の選任を請求しなければならず、②後見監督人が選任されている場合には、後見監督人が本人を代理することになります。したがって、成年後見人は、本人を代理して、本人の財産である不動産を後見人に贈与することはできません。

第1　利益相反行為とその判断基準

　利益相反行為とは、当事者間で利益が相反することとなる内容の行為をいいます。典型例として、後見人が、本人を代理して、本人の財産である不動産を後見人に贈与する場合を挙げることができます。この場合、後見人には不動産を得るという利益があり、本人には不動産の所有権を失うという負担がありますので、後見人と本人の利益は相反することになります。

　では、例えば、本人に十分な現金がなく、後見人となった子供が、本人の介護のために必要となる資金を借り、当該債務に

ついて、本人が所有する不動産に抵当権を設定する場合はどうでしょうか。すなわち、動機や意図が、本人の利益を図る目的であっても、このような抵当権設定行為は利益相反行為に該当するでしょうか。

この点、判例は、利益相反行為であるか否かは、「行為自体を外形的客観的に考察して判定すべきであって、当該代理行為をなすについての」「動機、意図をもって判定すべきではない」としています（形式的判断説、最高裁昭和42年4月18日第三小法廷判決）。また、実務においても、同様に取り扱われています（片岡武他「家庭裁判所における成年後見・財産管理の実務」（第2版、平成26年7月）80頁）。

したがって、抵当権設定行為が、本人の介護のための資金を得るために行われている場合であっても、後見人が、本人を代理して、後見人の債務について、本人の財産である不動産に抵当権を設定することは、利益相反行為にあたると考えます。

第2　後見人と被後見人の利益が相反する場合

後見人と被後見人の間に、利益相反がある場合、①後見監督人が選任されていない場合には、家庭裁判所に、特別代理人の選任を請求しなければならず（民法860条、826条）、②後見監督人が選任されている場合には、後見監督人が本人を代理することになります（民法851条4号）。

Q6 成年後見人に類似する制度として、保佐人や補助人という制度があると聞いた。どのような制度か？

A 保佐人制度とは、精神上の障害（認知症を含みます）により<u>事理を弁識する能力が著しく不十分な者</u>であって、法定の手続に従い家庭裁判所から保佐開始の審判を受けた者である被保佐人に、保佐人を付し、被保佐人を保護する制度です。補助人制度とは、同じく、<u>事理を弁識する能力が不十分な者</u>であって、法定の手続に従い家庭裁判所から補助開始の審判を受けた者である被補助人に、補助人を付し、被補助人を保護する制度です。

　民法には、保護されるべき本人の事理を弁識する能力の程度によって、成年後見人制度、保佐人制度、及び、補助人制度が準備されています。成年後見人制度において、後見人は、本人の財産に関する全ての法律行為について代理権を有しますが、保佐人制度及び補助人制度においては、家庭裁判所において、「特定の法律行為」について代理権を付与する旨の審判がなされた場合を除いて、保佐人及び補助人は代理権を有しません。

　成年後見人制度、保佐人制度及び補助人制度の違いは、以下の表のとおりです。

		成年後見人制度	保佐人制度	補助人制度
本人の事理弁識能力	法律上の表現	事理を弁識する能力を欠く常況にある者（民法7条）	事理を弁識する能力が著しく不十分な者（民法11条）	事理を弁識する能力が不十分な者（民法15条）
	解説	法律行為の結果が自己にとって有利か不利かを判断することができない程度の判断能力にある者（片岡武他「家庭裁判所における成年後見・財産管理の実務」（第2版、平成26年7月）14頁）	民法13条1項所定の重要な財産行為について、自分一人ではこれを適切に行うには不安があり、常に他人の援助を受ける必要がある程度の判断能力にある者（同左24頁）	民法13条1項所定の重要な財産行為について、自分一人でこれを行うことは不可能ではないが、適切に行えないおそれがあるため、他人の援助を受けたほうが安心であるといった程度の判断能力にある者（同左28頁）
機関	保護者	後見人（民法8条、843条）	保佐人（民法12条、876条の2）	補助人（民法16条、876条の7）
	監督人	成年後見監督人（民法849条）	保佐監督人（民法876条の3）	補助監督人（民法876条の8）
同意権	付与の対象	後見人に同意権なし	民法13条1項所定の行為及び家庭裁判所が定める特定の法律行為（民法13条2項）	民法13条1項所定の行為のうち、家庭裁判所が定める「特定の法律行為」（民法17条1項）
	付与の手続		保佐開始の審判	補助開始の審判及び同意権付与の審判（補助開始の審判は、同意権付与又は代理権付与の審判とともになされる（民法15条3項））
	本人の同意		不要	必要（民法17条2項）
取消権	付与の対象	日常生活に関する行為以外の行為（民法9条）	保佐人に同意権のある行為について、保佐人の同意、又は、これに代わる許可がない場合（民法13条4項）	補助人に同意権のある行為について、補助人の同意、又は、これに代わる許可がない場合（民法17条4項）
	付与の手続	後見開始の審判		
	本人の同意	不要		
	取消権者	被後見人、後見人（民法120条）	被保佐人、保佐人（民法120条）	被補助人、補助人（民法120条）

代理権	付与の対象	財産に関する全ての法律行為（民法859条）	家庭裁判所が定める「特定の法律行為」（民法876条の4・1項）	家庭裁判所が定める「特定の法律行為」（民法876条の9・1項）
	付与の手続	後見開始の審判	保佐開始の審判及び代理権付与の審判	補助開始の審判及び代理権付与の審判
	本人の同意	不要	必要（民法876条の4・2項）	必要（民法876条の9・2項）

（今津泰輝）

9

福祉信託について

福祉用語の解説

〔信 託〕
　信託というと一般的に信託銀行の「遺言信託」というサービス、すなわち、公正証書遺言書の作成等の遺言執行を一貫して引き受けるサービスです。これは、信託法の信託とは違います。
　信託法の信託とは、特定の者が一定の目的に従い、財産の管理又は処分及びその他の当該目的達成のために必要な行為をなすことです。(信託法2条、3条)

9　福祉信託について

Q 信託による高齢者の財産管理方法があると聞きましたが、詳しく説明してください。

第1　信託とは

　特定の者が一定の目的に従って財産の管理又は処分、及びその他の当該目的達成のために必要な行為をなすべきことを言う（信託法第2条1項）。

　そして、信託財産を所有し、信託する者が委託者で、信託財産の管理又は処分、及びその他の信託目的の達成のために必要な行為をなすべき義務を負う者を受託者と言う。

　また、信託行為によって利益を受ける者を、受益者と言う。

　信託には、下記のように、委託者自らが受益者となる自益信

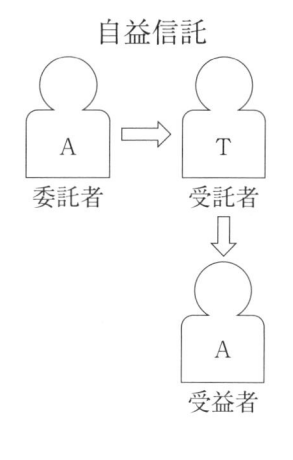

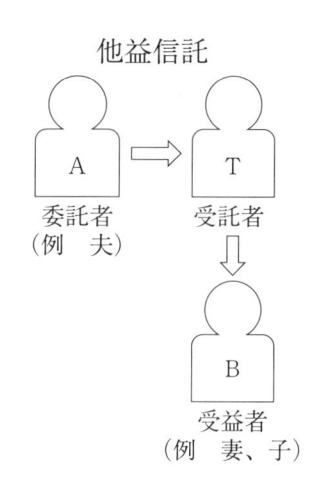

```
     自益信託                    他益信託

   A  ⇒  T                  A   ⇒   T
 委託者   受託者           委託者     受託者
          ⇓              （例 夫）     ⇓
          A                          B
        受益者                      受益者
                                （例 妻、子）
```

託と、委託者と受益者が別々の場合の他益信託がある。なお、福祉信託とは、信託法上の信託制度を利用して、高齢者らの財産管理を行うことを目的とした信託を言う。

　信託により、委託者所有の信託財産が受託者に移転し、財産管理目的を達成できる。
　受託者になれない者として、
①未成年者
②成年被後見人
③被保佐人
がある（信託法第7条）。
　それ以外の自然人や法人は受益者になれる可能性はある。

第2　信託のメリット

① 　信託目的の設定によって、委託者死亡後も委託者の生前の意思に従って財産管理がなされる。また、長期管理が可能となる（例　受益者連続信託等）。
② 　判断能力に問題がない高齢者も信託を利用できる。
（判断能力がある高齢者は、成年後見人制度は利用出来ない）
③ 　高齢者の悪質商法の被害にあわない。
　　信託制度については、信託財産名義を委託者から受託者に移転するので、被害にあわない。

第3　信託のデメリット

① 信託のため、所有権を移転する必要があり、信託をためらう人が多い。
② 受託者に財産管理処分権しかないので、委託者の身上監護権がない。
③ 委託者に判断能力がない時には、信託制度は利用出来ない。

第4　遺言代用信託

　委託者兼当初受託者が、信託設定段階で、自分が死亡した後の受益者を指定しておくもので、委託者の死亡を条件に自益信託から他益信託になるという信託設定方法（信託法第91条1-1）である。
　民事信託を活用する場合に、信託契約の中で、次世代の受益者を確定しておきたいという要望に応じたものである。
　遺言代用信託は、いわば、死因贈与契約の役割を果たすものである。

第5　受益者連続型信託

　信託設定段階において、何代も先の受益者候補者を委託者が決定しておく信託を言う。
　この信託には、次の2種類がある。
① 受益権消滅、新たに発生型の受益者連続信託（信託法第

91条）は、受益権はBの死亡時点で一旦消滅し、委託者Aに戻り、Cが新たに受益権を取得するもので、遺留分減殺請求権が発生する事はない。

② 一方、受益権相続型は、受益権の確立した債権がA→B、B→Cと相続されるので、相続のたびに遺留分減殺請求権が発生することになる。

例えば、Aさんは、自宅不動産を所有しておりBさんと再婚したが、Aさんには先妻の子Cさんがいる。Aさんは叔父のTさんを信頼しており、受託者になってもらった。この場合、Aさんの自宅不動産を、まず、Aさんを委託者兼当初受益者とし、叔父のTさんを受託者、Aさんの後妻であるBさんを第

受益者連続型信託の図解

2受益者とし、Aさんの先妻の子Cさんを第3受益者として設定し、受益権消滅、発生型の前記①の受益者連続型の信託契約を結んだ。

　また、Aさんは、叔父であるTさん（受託者）に安心して委せたが、念のため、信託監督人も付けた。

　仮にAさんが死亡すれば、Bさんが受益権を取得し、Bさんが死亡すれば、Cさんが確実に受益でき、Aさんの自宅不動産がBさんやBさんの相続人に遺留分減殺請求をされることもないのである。

　この受益者連続型信託は、当該信託がなされた時から30年を経過した後、現存する受益者が当該定めにより受益権を取得した場合であって、当該受益者が死亡するまで、又は、当該受益権が消滅するまでの間、その効力を有するものとする（信託法第91条）。この規定は、福祉的信託の可能性を認めたものである。

第6　福祉信託と成年後見人制度の関係

　成年後見人制度は、判断能力が減退した者のための制度であり、判断能力が減退していない者は利用出来ない。

　また、浪費者の財産を保護したくても、判断能力があるため成年後見人制度は利用出来ない。

　福祉信託は、成年後見人制度を利用出来ない判断能力に減退のない者も、浪費者も安心して利用出来、財産は守られるのである。

成年後見人制度は、財産管理のほか、本人の身上監護も行う。
　身上監護は成年後見人制度の唯一の領域であることから、身上監護は成年後見人制度で行い、成年後見人制度でカバー出来ない財産管理は、福祉信託を利用する方法がある。

第7　福祉信託契約書（例）

以下は、契約書（例）のとおり

福祉信託契約書

　委託者○○（以下、「委託者」という）、受託者○○（以下、「受託者」という）はとして下記内容の信託契約を締結する。

第1条（信託の目的及び設定）
1．本信託は、別途委託者・受託者間で締結する「委任契約及び任意後見契約」（以下「任意後見契約」という）と併せ、信託財産を、受益者のために管理し、その日常生活を支援することを目的とする。
2．委託者は、信託設定日において、信託財産に対する権利を受託者に信託譲渡し、受託者はこれを引き受ける。

第2条（信託財産）
1．信託財産とは、（別紙1）「信託財産目録」記載の金銭、不動産、動産及び本信託契約に従い本信託財産に付随する資産が含まれる。
2．信託財産から生じる利息その他の果実は信託財産に帰属する。

第3条（債務の同時引受け）
　受託者は、委託者から、（別紙2）「引受債務目録」記載の債務を、本件信託の効力発生と同時に引き受ける。ただし、当該債務の債権者の承諾を得ることができない場合はこの限りではない。

第4条（受益者）
1．本信託契約に係る委託者を、当初受益者とする。
2．当初受益者が死亡した場合は、その妻○○を受益者とする。但し、妻○○が当初受益者より先に死亡した場合には、子○○を受益者とする。
3．受益者である妻○○が死亡した場合には、子○○を受益者とする。
4．受益者は、受託者の事前の書面による承諾なく受益権の分割、放棄、譲渡又は質入れその他の担保設定等の処分をすることができない。

第5条（信託監督人）

1．委託者は、弁護士〇〇を信託監督人として指定する。
2．任意後見契約の効力が発生した場合には、家庭裁判所の選任した任意後見監督人を、本信託契約の信託監督人として指定する。任意後見監督人が信託監督人に就任した場合、前項の信託監督人の任務は終了する。
3．前項により信託監督人に就任した任意後見監督人は、任意後見契約終了により信託監督人を辞任することができる。この場合、「〇〇弁護士会高齢者・障害者支援センター」があっせんする弁護士を新たに信託監督人として指定する。
4．受託者は、信託監督人候補者として指定された者に対して、就任するかどうか催告をし、就任しない場合には裁判所に対して選任の申立てをしなければならない。

第6条（信託財産の管理）
　受託者は、信託設定日以降、信託財産を自己の固有財産及び他の信託財産と分別して管理するものとする。

第7条（受益権の内容）
1．受託者は、毎月末日限り、受益者名義の口座に、生活費として金〇円を振り込む。
2．受託者は、信託監督人の指図に従い、受益者に対し、下記事由発生を原因として相当額の信託財産を交付できる。
　①医療費
　②介護サービス費
　③老人ホーム等入居一時金
　④死亡した受益者の葬儀・埋葬に関連する費用
　⑤死亡した受益者が支払うべき賃料債務、医療費、介護サービス費
　⑥その他緊急且つ必要と認められる一時金

第8条（委託者の権利の制限）
　委託者は、受託者及び信託監督人の書面による承諾を得た場合でなければ、次の各号に該当することを行うことができない。
　①本件信託契約を取消し又は変更すること。
　②受益者又は受益権の内容を変更すること。
　③この信託契約の終了前に、受益者以外の者に信託財産の払い出しを請求すること。

④委託者の地位を放棄又は他人に譲渡すること。

第9条（信託事務処理費用等）

1．振り込み手数料、信託登記費用等の信託事務を処理するために受託者が要する費用、信託財産に関する租税及び受託者が過失なく負担した損害（以上の費用をまとめて、「信託事務処理費用等」という）は信託財産から支出する。

2．受託者が信託事務を処理するにつき、訴訟行為等の特別の費用を要することが見込まれる場合、受託者は、その信託事務の着手前に、信託監督人に算定根拠と金額を示し、その信託事務に関する指図を求めることができる。

第10条（信託報酬）

1．本信託契約における、受託者の信託報酬は無償とする。

2．信託監督人の報酬は月額〇円とする。

第11条（信託財産の管理に関する報告等）

1．受益者及び信託監督人は、信託法36条に基づき、受託者に対して、信託事務の処理の状況並びに信託財産に属する財産等の報告を求めることができる。

2．受託者は、受益者及び信託監督人に対して、信託法第37条第1項及び第2項に定める賃借対照表、損益計算書その他の法務省令で定める書類又は電磁的記録（以下、「帳簿等」という）を作成し、第16条規定の計算期間期末に報告しなければならない。

3．受益者及び信託監督人は、信託法38条に基づき、受託者に対して、前項規定の帳簿等を閲覧又は謄写することを請求できる。

第12条（信託期間）

本件信託契約の期間は、信託設定日から本信託契約19条または20条による信託の解除または終了の日までとする。

第13条（信託の計算期間）

信託の計算期間は、信託設定日から1年間とし、以後毎年その日及び本件信託契約が終了した日とする。

第14条（信託契約の変更）

本信託契約は、受託者、受益者及び信託監督人の書面による同意により、変更することができる。

9●福祉信託について　191

第15条（受託者の辞任）
　受託者は、信託監督人の書面による同意を得て辞任できる。
第16条（受託者の解任）
　委託者、受益者又は信託監督人は、受託者に義務違反、管理の失当又は任務の懈怠その他不誠実若しくは不適切な行為があると認められる場合は、受託者に対してその行為の差止め、又は信託事務の処理の状況若しくは信託財産の状況につき説明を求め、受託者が正当な理由がないのにこれに応じないときは、受託者を解任できる。
第17条（新受託者の選任）
　受託者の辞任、解任等の事由により受託者の任務が終了したときは、受託者は受益者に対して任務終了の通知を行わなければならない。また、信託監督人は、直ちに新受託者を選任するものとし、新受託者を選任できないときは、信託監督人が裁判所へ新受託者選任の申立てを行うものとする。
第18条（受託者の任務の継続）
　受託者は、辞任、解任等の事由によりその任務が終了した場合、新受託者、又は信託財産管理者が信託事務を処理することができるまでは、信託法第59条に従い、受託者は引き続き本信託契約上の信託財産の保管をしなければならない。
第19条（信託契約の解除）
　本信託契約は、本信託契約に別途定めがある場合を除き、解除できない。ただし、受託者及び信託監督人の書面による合意により解除することができる。
第20条（信託契約の終了）
１．本信託契約は、次の場合に終了する。
　① 最終の受益者が死亡した日より、6ヵ月を経過したとき
　② 本件信託財産のうち金銭残高が0円となったとき
　③ 信託法第163条各号に定める事由が生じたとき
　④ 信託法91条の定め　に該当するとき
２．本信託契約が終了したときは、受託者は遅滞なく本信託についての清算事務を行い、信託財産状況報告書を作成し、事項で定める帰属権利者及び信託監督人に交付するものとする。
３．残余信託財産は、以下の者に、記載する順で帰属するものとし、受託

者は、信託財産を現状のまま引き渡すものとする。
① 受益者
② 委託者の相続人
③ 受託者

第21条（受益権の譲渡等の禁止）
本信託契約における受益権については、いかなる場合にもその譲渡にかかる契約を締結し、またはこれを担保に供することができない。

第22条（準拠法及び裁判管轄）
本信託契約は日本法に準拠するものとし、本信託契約に関して生じた紛争の第一審の専属的管轄裁判所は、東京地方裁判所とする。

第23条（協議条項）
本信託契約に定めのない事項並びに解釈に疑義が生じた事項については、委託者、受託者及び信託監督人は、信義に則り、誠実に協議するものとする。

以　上

本件信託契約成立の証として、契約書正本を２通作成して、委託者、受託者が本紙各１通を、受益者は契約書の写しを保有する。

平成　　年　　月　　日

　　　　　　　　　　委託者　　住所

　　　　　　　　　　　　　　　氏名

　　　　　　　　　　受託者　　住所

　　　　　　　　　　　　　　　氏名

（別紙1）

　　　　　　　　　　　信託財産目録

　　　1　金員
　　　　　　（内訳）信託金　　　　　　　　　　　　　　　金〇〇円
　　　　　　　　　　信託報酬、事務処理費用、租税相当額　金〇〇円
　　　2　不動産

（別紙2）

　　　　　　　　　　　引受債務目録

注）日弁連の遺言信託プロジェクトチーム著の「高齢者（三協法規出版）・障害者の財産管理と福祉信託から引用。

　　　　　　　　　　　　　　　　　　　　　　　　　（西垣義明）

〈参考文献〉
・「高齢者・障害者の財産管理と福祉信託」三協法規出版
・「民事信託超入門」日本加除出版
・「新しい信託法解説」三省堂

10

介護について
―介護と介護保険法の概要―

福祉用語の解説

〔ケアマネージャー〕
　ケアマネージャーとは、介護保険サービスを利用する際に、さまざまなことを相談できる身近な介護福祉などの資格（国家資格）を有する専門家です。
　ケアマネージャーは、あなたの健康状態や生活状況に応じてケアプラン（介護サービス計画）を作成し、介護サービス利用中に起きた問題や苦情の処理も行います。
　ケアマネージャーは、地域包括支援センターで紹介してもらえます。実際にケアプランができると介護を利用するあなたと介護事業者が直接契約し、介護サービスが始まります。

10　介護について－介護と介護保険法の概要－

Q 私の父親が高齢となり、若干認知症の症状もあるようで、家族で父親の身の回りの世話をするのも限界となっています。何か公的なサービスを受けたいのですが、どうすればよいでしょうか？

A まずは市町村の役所の介護保険窓口や地域包括支援センターなどに相談に行って下さい。介護保険を申請した場合、市町村から介護や支援が必要か否かの認定調査が行われます。要介護や要支援と認定されたら、種々のサービスの中から実際に受けるサービスを決めて、ケアプランを作成します。そして、ケアプランに沿って実際にサービスを受けましょう。そうすることによって、ご家族の負担は軽くなるはずです。サービス費用は原則として1割が自己負担となり、残りは介護保険から支払われます。

第1　高齢者に関係する主な法律

　まず最初に、介護が必要になった高齢者を保護するための基本的な法制度や、介護保険法の概略の仕組みについて述べる。

1　老人福祉法の概要

　第二次世界大戦後の我が国の社会福祉に関する立法のうち、特に高齢者に関する体系的施策を目的とするものは、1963年

（昭和38年）に成立した老人福祉法が最初である。それまでは1950年（昭和25年）に成立した生活保護法によって救済が必要な高齢者に対する手当てが図られていた。老人福祉法は高齢者の健康や生活の安定のために必要な措置を講じ、もつて老人の福祉を図ることを目的として制定された法律である。老人福祉法では高齢者に対する全体的な施策内容が規定されており、高齢者に対する住居や医療などの施策を担ってきた。

　老人福祉法は高齢化の進展や核家族化などの我が国の社会の変化に対応して様々な改正を経てきており、新たな制度の創設などが老人福祉法によってなされた。

　その後、老人福祉法の規定する福祉施策のうち、高齢者の保健や医療面に関しては1982年（昭和57年）に老人保健法が制定され、高齢者の介護に関しては1997年（平成9年）に介護保険法が制定されて、現在では老人福祉法はこれらの法律が適用されない場合のための高齢者福祉の総則的規定ともいうべき位置付けとなっている（たとえば、常時介護が必要な65歳以上の高齢者で介護保険の利用ができないような場合は、老人福祉法により特別養護老人ホームへ入所の措置が可能である。）。

2　高齢者医療確保法（旧・老人保健法）の概要

　高齢化社会となって高齢者の医療費に関する社会的な問題意識が高まったため老人保健法が制定され、老人福祉法が規定する高齢者福祉施策のうち保健や医療面に関しては老人保健法が規定することとなった。その後、老人保健法は、さらなる高齢化社会の進展による医療費増大などの問題に直面したため、2008年（平成20年）に高齢者の医療の確保に関する法律（高齢

者医療確保法）と名を変えた上で、医療費の適正化を推進するための計画の作成及び保険者による健康診査等の実施に関する措置や、前期高齢者に係る保険者間の費用負担の調整、後期高齢者に対する適切な医療の給付等を行うために必要な制度を規定した。

3　介護保険法の概要
（1）　介護保険法成立の背景

　従来、高齢者の介護は老人福祉法や老人保健法の下で行われていたが、高齢者に対する個別の福祉サービスは、原則として利用者が行政庁（市町村など）に申請して行政庁が決定し、行政庁や社会福祉協議会などの公的団体が主体となって高齢者にサービスを提供するといういわゆる措置制度によって提供されてきた。しかし、このような方法に対しては、高齢者の自己決定権の尊重という考え方とは相容れない側面もあった。また、かつては高齢者の介護は家族内の問題と考えられていたが、高齢化社会がより進展して要介護高齢者が増加し、高齢者の介護は家族だけでなく社会全体として負担する仕組みが必要と認識されてきた。

　そこで、高齢者を社会全体で支え、高齢者の自己決定権を尊重して自ら必要とされるサービスを主体的に選択することを可能とするべく、1997年（平成9年）に介護保険法が成立した。

　介護保険法が規定する高齢者福祉サービスの提供の方法が従前の老人福祉法などと大きく異なる点の一つは、従前は市町村などによる措置によって高齢者の保護が行われていたのに対し、介護保険法では本人とサービス提供者との契約によって福

祉サービスが行われるという点である。

（2）　介護保険制度の目的及び基本的理念

　介護保険法第1条は、「この法律は、加齢に伴って生ずる心身の変化に起因する疾病等により要介護状態となり、入浴、排せつ、食事等の介護、機能訓練並びに看護及び療養上の管理その他の医療を要する者等について、これらの者が尊厳を保持し、その有する能力に応じ自立した日常生活を営むことができるよう、必要な保健医療サービス及び福祉サービスに係る給付を行うため、国民の共同連帯の理念に基づき介護保険制度を設け、その行う保険給付等に関して必要な事項を定め、もって国民の保健医療の向上及び福祉の増進を図ることを目的とする。」と規定している。

　すなわち、介護保険は、加齢によって介護が必要となった場合のために、高齢者の尊厳を保持しつつ、高齢者が自立的な日常生活を送ることを支援する目的で制定されたものである。

　また、介護保険法2条では介護保険の基本的理念が規定されており、同条第1項及び第2項では、「被保険者の要介護状態又は要支援状態（以下「要介護状態等」という。）に関し、必要な保険給付を行うものとする。」（同条第1項）、「前項の保険給付は、要介護状態等の軽減又は悪化の防止に資するよう行われるとともに、医療との連携に十分配慮して行われなければならない。」（同条第2項）とされ、保健給付は要介護状態や要支援状態の軽減や悪化防止のためであるとされている。さらに、同条第3項及び第4項では、「第一項の保険給付は、被保険者の心身の状況、その置かれている環境等に応じて、被保険者の選択に基づき、適切な保健医療サービス及び福祉サービスが、

多様な事業者又は施設から、総合的かつ効率的に提供されるよう配慮して行われなければならない。」（同条第3項）、「第一項の保険給付の内容及び水準は、被保険者が要介護状態となった場合においても、可能な限り、その居宅において、その有する能力に応じ自立した日常生活を営むことができるように配慮されなければならない。」（同条第4項）と規定され、介護サービスは本人の選択に基づき提供されること、その前提として提供可能な多様なサービスを用意しておくべきこと、それらのサービスを利用して利用者本人が自立した日常生活を営むべきこととされている。

すなわち、介護保険の基本的な理念は、多様なサービスから本人が必要なサービスを選択できるようにして、本人が可能な限り自立した日常生活を送るようにすることにある。

（3）　介護保険制度の対象者及び保険料の支払い

介護保険制度は、40歳以上の国民が介護保険料を支払い（被保険者）、将来自分が介護を要する状態となった際には、一定の範囲内で必要なサービスを受けることを可能とする制度である。

介護保険の保険者は市町村及び特別区である（介護保険法3条1項）。

被保険者は年齢によって区分され、市町村及び特別区の区域内に住所を有する65歳以上の者が第1号被保険者、市町村及び特別区の区域内に住所を有する40歳以上65歳未満の医療保険加入者が第2号被保険者とされている（介護保険法9条1項2項。以下、市町村及び特別区を「市町村」という。）。

第1号被保険者と第2号被保険者では、保険料の設定や支払

い方法に違いがある。第1号被保険者は、保険者である市町村に対して直接支払い、その保険料は政令で定める基準に従い条例で定める保険料率で算定するものとされる（介護保険法129条1項2項）。第1号被保険者の保険料は、市町村による介護サービスの提供状況に応じて市町村毎に金額が設定され、これは被介護者全体が受ける介護サービスに対応した金額を被介護者全体で負担するという趣旨である（介護保険法129条3項参照）。支払い方法は年金からの天引きが多いようである（介護保険法131条参照）。第2号被保険者の保険料は、被保険者が加入している医療保険者ごとに設定され、医療保険者が医療保険料として徴収している（介護保険法129条3項、150条以下）。これは、第2号被保険者が負担する保険料は、自分のための介護サービスの対価というよりも、自分の親の世代の介護を社会全体として負担するという趣旨から、市町村ではなく第2号被保険者の医療保険で関与させた方がよいとの考え方に基づくものである。なお、第2号保険者にも介護サービスが行われる場合がないわけではない（介護保険法第7条第3項2号参照）。

（4） 保険者の役割

前述の通り介護保険制度では市町村が保険者となるが、保険者は、①要介護認定を行い（介護サービスの提供の可否や提供の程度を認定する手続、介護保険法27条以下）、なお、認定調査などの保険者業務は法人に委託が可能であり（市町村事務受託法人、介護保険法24条の2第1項）、②介護サービスを現実に提供する業者へ報酬を支払い（介護保険法第41条・53条）、③介護保険料の金額を決定して、保険料を徴収（介護保険法129条以下）。④その他の業務（市町村特別給付を設定し、介護

保険事業計画を作成し、地域包括支援センターを設置し、必要に応じて事業者への立ち入り検査を含む監督権限を行使するなど。介護保険法62条、117条、115条の46以下、115条の27以下）を行う。このように介護保険の保険者たる市町村の事務は広範囲で多量であるため、単独の市町村では負担が重すぎるとして複数の市町村が協同して広域連合を形成し、介護保険に取り組むこともなされている（介護認定審査会について介護保険法16条、財政安定化について介護保険法148条）。

なお、介護保険制度の下では市町村が保険者ではあるが、都道府県も市町村を支援する種々の規定が置かれている（介護保険法16条、38条、82条の2、89条の2、99条の2、115条の6など）。

（5）　被保険者の負担

介護保険制度では、被保険者は前述の保険料を負担するとともに、介護保険によるサービスを利用した場合には原則としてサービス費用の1割を自己負担する（第3の4で後述）。

第2　介護制度の利用手順

ここでは、介護が必要とされる場合に、具体的にどのような手続で介護保険制度を利用すればよいのかについて述べる。

1　介護保険の申請

設問のように高齢者に対して何らかの介護サービスが必要と判断される場合には、まず最初に、被保険者本人かその家族が保険者たる市町村の介護保険の窓口に介護保険を申請すること

10●介護について　**203**

から始まる。地域包括支援センターに相談に行ってもよく（介護保険法27条第1項）、それらの窓口まで行くのが困難な場合は地区の民生委員に相談してもよいであろう（民生委員法14条1項）。本人や家族が申請に行くのが難しい場合は、地域包括支援センター、指定居宅介護支援事業者などによる申請の代行も可能である（介護保険法27条）。

2　保険者による認定調査

　介護保険の申請がなされたら、保険者たる市町村は、介護の必要性や、介護が必要とされる場合にはどの程度の介護が必要かの調査を行う。この調査は認定調査と言われるが、調査は市町村の職員が行うか、または市町村から委託を受けた市町村事務受託法人が行うこととされ（介護保険法27条第2項・第3項）、介護が必要とされる被保険者本人やその家族らと実際に面接を行い、介護が必要とされる被保険者の心身の状況や現在の生活環境等を調査することとなる。

3　判定と認定結果の通知

　認定調査の結果をもとに、全国一律の客観的基準に基づき、市町村は要介護該当性や介護区分について、まずは第一次判定を下す（介護保険法27条2項）。その後に第一次判定結果と被保険者のかかりつけ医の意見書に基づき、保健、医療、福祉の専門家で構成された第三者機関である介護認定審査会において、要介護または要支援状態にあるか、あるとすればその程度について、第二次判定がなされる（介護保険法27条5項）。介護認定審査会で判定される認定結果の区分は、要支援1または

2、要介護1ないし5、該当せずの合計8個である。なお、要介護状態に該当するには日常生活における基本的動作について常時介護を要すると判断されることが必要であり、要支援状態に該当するには日常生活での基本的動作について常時介護状態の軽減または悪化の防止に特に資すると見込まれ、または日常生活に支障がある状態とと判断されることが必要である。

要支援または要介護のいずれかの区分に認定された場合は、認定の区分に応じて当該被保険者が介護保険で利用できる上限金額が決定される。

申請者に対して、原則として申請から30日以内に認定結果が通知される（介護保険法27条第11項）。

なお、認定結果に不満がある場合には、一定期間内であれば介護保険審査会に不服申立を行うことができる（介護保険法183条、192条）。

4　介護サービスの利用
（1）利用までの概略

要介護や要支援の区分が決定すると、被保険者が利用できるサービスの範囲が決まる。具体的には、要支援認定の場合には居宅サービスが利用でき、要介護認定の場合には居宅サービスまたは施設サービスが利用でき、被保険者は利用可能なサービスのなかから必要なサービスを自ら選択することとなる。介護保険では、利用者自らが自分の心身の状況に応じて利用するサービスを決定することが原則である。利用するサービスを居宅サービスや施設サービスで行われる具体的な内容は次の第3で述べる。

もっとも、利用者が自分でサービスを選択するのが原則とはいえども、介護度の区分によって利用限度額が異なるため、限度額の範囲内でどのようなサービスを組み合わせるのがよいのか、素人には難しい問題である。そのため、ケアマネジメントの専門知識を有する者（介護支援専門員。いわゆるケアマネージャー）に相談して決めるのがよいと思われる。サービス内容が決まったら、ケアプランを作成することとなる。

（２）　認定結果が要介護の場合
　上述の通り認定結果が要介護（区分１ないし５）とされた場合は、被保険者やその家族がケアマネージャーなどに相談して、被保険者の心身の問題状況を充分に認識した上で、介護保険法の趣旨に則り、被保険者の自立的な生活が維持できるようなサービスを選択する必要がある。その後、選択したサービス内容にしたがってケアプラン（介護サービス計画）の作成を行う。ケアプランの作成はケアマネージャーに依頼することが多いが、被保険者が自分でケアプランを作成することも可能である。この時点で利用するサービスの種類や利用する時間、利用料金などが決まる。利用施設サービスを利用する場合は、施設がケアプランを作成することもできる。なお、ケアプランは、認定区分に応じて、居宅サービス利用者のための居宅サービスや施設サービスが利用可能である。具体的なサービス内容は次項で述べる。

（３）　認定結果が要支援の場合
　認定結果が要支援（区分１、２）とされた場合は、要介護の場合と同様に被保険者が自らサービス選択してもよいが、地域包括支援センターの保健師の保健師に相談してどのようなサー

ビスを選択するかを決める場合が多いと思われる。地域包括支援センターとは、地域の被保険者が要介護状態となることを予防し、要介護状態となってもその悪化を防止し、また、虐待防止や介護予防マネジメントなどを総合的に行う機関である（介護保険法145条第1項、146条）。認定区分が要支援の場合は、居宅サービスが利用可能となるため、要介護の場合と同様に、保険者の自立的な生活が維持できるようなサービス内容を選択して、選択したサービス内容にしたがってケアプラン（介護サービス計画）の作成を行い、利用するサービスの種類や利用する時間、利用料金などを決める。

5　サービス利用開始以降

　実際にサービスを利用すると、利用者の心身の状況に適合していない場合や、あるいは利用者の心身の状況が変化して利用するサービス内容が適合しなくなる場合も多い。その場合は保健師やケアマネージャーに相談してサービス内容を調整してもらうことになる。

　また、介護区分認定の時点から被保険者の心身の状況が大きく変化した場合は、介護サービスの選択自体を大きく変えなければならない場合も多く、その場合は区分認定自体を変更する必要がある。被保険者は、必要に応じて介護区分変更申請を行い（介護保険法29条）、新たに認定された区分にしたがって利用サービスを変更することになる。区分変更申請は、被保険者の心身の状況が悪化した場合と、心身の状況が改善した場合の両方があり得る。

第3　介護サービスの内容やサービス提供者

　ここでは、要支援または要介護の認定に応じてどのような介護サービスがなされるか、そのサービスを提供する者は誰かなどについて述べる。もっとも、具体的なサービス内容は認定された区分によっても異なる。

1　要介護の場合のサービス内容（介護給付）

　要介護と認定された場合は、被保険者の生活の本拠（自宅か施設か）や心身の状況に応じて、以下に述べる様々なサービスが提供され得る。

（1）居宅サービス

　要介護の被保険者が居宅でサービスを受けることができる場合、そのサービスの内容は、①訪問介護、②訪問入浴介護、③訪問看護、④訪問リハビリテーション、⑤居宅療養管理指導、⑥通所介護、⑦通所リハビリテーション、⑧短期入所生活介護、⑨短期入所療養介護、⑩特定施設入居者生活介護、⑪福祉用具貸与及び⑫特定福祉用具販売の合計12種類のサービスとされている（介護保険法8条1項ないし13項）。

　なお、ここで居宅とは、被保険者の自宅のほか、老人福祉法20条の6に規定する軽費老人ホームや同法29条1項に規定する有料老人ホーム等の施設における居室を含むとされている（介護保険法8条2項）。

　①　訪問介護は、一定の資格をもった介護員が自宅を訪問し、入浴、排せつ、食事等の介護その他の日常生活上の世話を行うサービスをいう（介護保険法8条2項）。

② 訪問入浴介とは、居宅を訪問し、浴槽を提供して行われる入浴の介護のサービスをいう（介護保険法8条3項）。

③ 訪問看護は、病状が比較的安定していて、主治医が訪問看護が必要と認めた場合に、看護師等が訪問して療養上の世話又は必要な診療の補助を行うサービスをいう（介護保険法8条4項）。

④ 訪問リハビリテーションとは、リハビリテーションの必要性を主治医が認めた場合に、居宅を訪問して理学療法、作業療法その他必要なリハビリテーションを行うサービスをいう（介護保険法8条5項）。

⑤ 居宅療養管理指導とは、居宅に医師、歯科医師、薬剤師等が訪問して療養上の管理及び指導を行うサービスをいう（介護保険法8条6項）。

⑥ 通所介護とは、老人デイサービスセンターに通わせて日常生活上の世話や機能訓練を行うサービスをいう（いわゆるデイサービスと称される。）（介護保険法8条7項）。

⑦ 通所リハビリテーションとは、被保険者が一定の施設に通って、理学療法、作業療法その他必要なリハビリテーションを受けるサービスをいう（いわゆるデイケアと称される。）（介護保険法8条8項）。

⑧ 短期入所生活介護とは、特別養護老人ホームなどに短期入所して、日常生活上の世話や機能訓練を行うサービスをいう（いわゆるショートステイと称される。）（介護保険法8条9項）。

⑨ 短期入所療養介護とは、介護老人保健施設等に短期間入所させ、医学的管理の下における介護及び機能訓練その他

必要な医療や日常生活上の世話を行うサービスをいう（いわゆるショートステイと称される。）（介護保険法8条10項）。
⑩　特定施設入居者生活介護とは、老人ホームなど特定施設で生活している場合に、その施設で介護や世話、機能訓練等を受けるサービスをいう（介護保険法8条11項）。
⑪　福祉用具貸与とは、機能訓練のために供され、日常生活の自立を助けるための用具を貸与するサービスをいう（介護保険法8条12項）。
⑫　特定福祉用具販売とは、入浴又は排せつの用に供するものその他の用具を販売するサービスをいう（介護保険法8条13項）。

（2）　居宅介護支援サービス

　当該居宅要介護者の依頼を受けて、ケアマネージャーは、居宅要介護者の心身の状況、環境、本人や家族の希望等を勘案し、利用する指定居宅サービス等の種類や内容、担当者や居宅サービス計画を作成し、サービスの提供が適切に確保されるようにサービス提供者との連絡調整等の便宜を図り、また、当該居宅要介護者が地域密着型介護老人福祉施設又は介護保険施設への入所が必要な場合は、施設への紹介など便宜の提供を行うものとされている（介護保険法8条23項）。

（3）　施設サービス

　施設サービスとして、①介護福祉施設サービス及び②介護保健施設サービスが規定されている（介護保険法8条25項）。
①　介護福祉施設サービスとは、介護老人福祉施設に入所する要介護者に対し、施設サービス計画に基づき行われる入

浴、排せつ、食事等の介護その他の日常生活上の世話、機能訓練、健康管理及び療養上の世話をいい（介護保険法8条26項）、②介護保健施設サービスとは、介護老人保健施設に入所する要介護者に対し、施設サービス計画に基づき行われる看護、医学的管理下の介護及び機能訓練その他必要な医療並びに日常生活上の世話をいう（介護保険法8条27項）。前者は主に要介護者の日常生活上のサービスであり、後者は主に医療上のサービスである。

（4） **地域密着型サービス**

地域密着型サービスとは、①定期巡回・随時対応型訪問介護看護、②夜間対応型訪問介護、③認知症対応型通所介護、④小規模多機能型居宅介護、⑤認知症対応型共同生活介護、⑥地域密着型特定施設入居者生活介護、⑦地域密着型介護老人福祉施設入所者生活介護及び⑧複合型サービスをいい（介護保険法8条14項ないし22項）、高齢者が住み慣れた地域や環境で生活を続けることができるようにするためのサービスである。

① 定期巡回・随時対応型訪問介護看護とは、定期的巡回や随時通報により要介護者の居宅で介護福祉士その他一定の者が入浴、排せつ、食事等の介護その他の日常生活上の世話を行い、また看護師その他一定の者が療養上の世話又は必要な診療の補助を行うサービスをいう（介護保険法8条15項）。

② 夜間対応型訪問介護とは、夜間において、定期的巡回や随時通報により要介護者の居宅で介護福祉士その他一定の者が入浴、排せつ、食事等の介護その他の日常生活上の世話を行うサービスをいう（介護保険法8条16項）。

③　認知症対応型通所介護とは、認知症を患っている居宅要介護者を老人デイサービスセンターに通わせ、当該施設で入浴、排せつ、食事等の介護その他の日常生活上の世話や機能訓練を行うサービスをいう（介護保険法8条17項）。

④　小規模多機能型居宅介護とは、居宅要介護者の心身の状況や環境等に応じて、所定の拠点に通うかまたは短期間宿泊させて、入浴、排せつ、食事等の介護その他の日常生活上の世話や機能訓練を行うことをいう（介護保険法8条18項）。

⑤　認知症対応型共同生活介護とは、認知症を患っている要介護者が共同生活をして入浴、排せつ、食事等の介護その他の日常生活上の世話及や機能訓練を行うサービスをいう（介護保険法8条19項）。

⑥　地域密着型特定施設入居者生活介護とは、入居定員が29人以下の有料老人ホームその他一定の施設に入居している要介護者に入浴、排せつ、食事等の介護その他の日常生活上の世話や機能訓練及び療養上の世話を行うサービスをいう（介護保険法8条20項）。

⑦　地域密着型介護老人福祉施設入所者生活介護とは、地域密着型介護老人福祉施設に入所する要介護者に対し、地域密着型施設サービス計画に基づいて行われる入浴、排せつ、食事等の介護その他の日常生活上の世話、機能訓練、健康管理及び療養上の世話をいい（介護保険法8条21項）、地域密着型介護老人福祉施設とは、入所定員が29人以下の特別養護老人ホームであって、入所する要介護者に対し、地域密着型施設サービス計画に基づいて、入浴、排せつ、

食事等の介護その他の日常生活上の世話、機能訓練、健康管理及び療養上の世話を行うことを目的とする施設をいう（介護保険法 8 条21項）。

⑧　複合型サービスとは、居宅要介護者について、効果的かつ効率的に一定の複数のサービスを一体的に提供することをいう（介護保険法 8 条22項）。

（5）　住宅改修費の支給

介護保険法には、たとえば、足が弱った居宅要介護被保険者が自宅の廊下や玄関に手すりを取り付けるなどの一定の種類の住宅の改修を行ったときに、被保険者（市町村）から所定の居宅介護住宅改修費が支給される制度も置かれている（介護保険法45条）。

2　要支援の場合のサービス内容（予防給付）

要支援と認定された場合は、以下に述べる様々なサービスが提供され得る。

（1）　介護予防サービス

要支援の被保険者が居宅で受けることが可能なサービスは、①介護予防訪問入浴介護、②介護予防訪問看護、③介護予防訪問リハビリテーション、④介護予防居宅療養管理指導、⑤介護予防通所リハビリテーション、⑥介護予防短期入所生活介護、⑦介護予防短期入所療養介護、⑧介護予防特定施設入居者生活介護、⑨介護予防福祉用具貸与、⑩特定介護予防福祉用具販売の合計10種類のサービスとされている（介護保険法 8 条の 2 第 1 項、同条第 2 項ないし10項）。

介護予防とは、身体上や精神上の障害により日常生活上の基

本動作の少なくとも一部について常時介護を要するか又は日常生活を営むのに支障がある状態の軽減又は悪化の防止をいうものとされ（介護保険法8条の2第1項）、日常生活に必要な心身の機能の維持を主たる目的として、いわゆる寝たきりなどの状況に陥ることなどがないように心身機能の劣化防止を図る趣旨である。

（2） 介護予防支援サービス

当該要支援者の依頼を受けて、地域包括支援センターの職員など一定の者が、要支援者の心身の状況、環境、本人や家族の希望等を勘案し、利用する指定介護予防サービス等の種類や内容、担当者や介護予防サービス計画を作成し、サービスの提供が適切に確保されるようにサービス提供者との連絡調整等の便宜を図るものである（介護保険法8条の2第16項）。

（3） 地域密着型サービス

地域密着型介護予防サービスは、①介護予防認知症対応型通所介護、②介護予防小規模多機能型居宅介護、③介護予防認知症対応型共同生活介護のの合計3種類のサービスとされている（介護保険法8条の2第12項、同条第13項ないし15項）。

（4） 住宅改修費の支給

居宅要支援被保険者が市町村が必要と認めた一定の範囲の住宅の改修を行った場合に、被保険者（市町村）から所定の介護予防住宅改修費が支給される制度である（介護保険法57条）。

3 サービスのための施設や介護サービスを担当する人々
（1） 地域包括支援センター

　地域包括支援センターは、包括的支援事業その他一定の事業を実施し、地域住民の心身の健康の保持及び生活の安定のために必要な援助を行うことによって、保健医療の向上及び福祉の増進を包括的に支援することを目的として設置された施設である（介護保険法115条の46第1項）。地域包括支援センターは予防を重視している現行の介護保険法の趣旨を実現するために地域社会において中心的な役割を果たすものとして期待されており、市町村または市町村から委託を受けた一定の者により設置され（介護保険法115条の46第2項、115条の47第1項）、市町村は定期的に地域包括支援センターの事業実施状況を点検して事業内容及や運営状況を公表するよう努める義務があるとされている（介護保険法115条の46第9項、10項）。

　包括支援センターの具体的な業務内容は、①介護予防ケアマネジメント業務、②高齢者に関する総合相談業務や権利擁護業務、③継続的ケアマネジメント業務に大別され、それぞれの業務を推進するための専門的職種として、①介護予防ケアマネジメント業務では保健師が配置されて介護予防ケアプランの作成などを行い、②高齢者に関する総合相談業務や権利擁護業務では社会福祉士が配置されて高齢者の実態把握や相談などを行い、③継続的ケアマネジメント業務では主任ケアマネージャー（主任介護支援専門員）が配置されて個々のケアマネージャーへの相談や助言などを行っている。

（2） 通所や入居のための施設

　通所介護（いわゆる「デイサービス」）、介護予防通所介護、

通所リハビリテーション（いわゆる「デイケア」）、介護予防通所リハビリテーションは、特別養護老人ホームやいわゆる老人デイサービスセンターなどに日帰りで通所させることで行われる。

短期入所生活介護、短期入所療養介護、介護予防短期入所療養介護などは、特別養護老人ホーム等に短期入所（いわゆる「ショートステイ」）させることで行われる。

高齢者グループホーム、有料老人ホーム等に入居している要介護者は、入居先の施設で生活しながら、認知症対応型共同生活介護、介護予防認知症対応型共同生活介護、特定施設入居者生活介護、介護予防特定施設入居者生活介護などの各介護サービスを受けることができる。

（３）　介護サービスを担当する人々

①　ケアマネージャーは、要介護者からの相談に応じ、適切な介護サービスを利用できるように、市町村やサービス提供事業者などとの連絡調整業務を行う者であり（介護保険法７条５項）、通常は指定居宅介護支援事業者などに所属して、現実に要介護認定がなされてケアプランを作成する際に要介護者に適切なアドバイスを送るなど指導的役割を果たし、ケアプランに基づき介護サービスが開始されて以降は各サービス提供者や要介護者と連絡調整を行う役割を果たす。要介護者にとってみれば自らへの介護サービス運営を適切に運用してもらうための中心的存在とも言える立場である。ケアマネージャーは、所定の試験に合格し所定の研修を修了した上で、都道府県知事による登録を受ける必要がある（介護保険法69条の２）。

さらに、介護現場の現実の担い手として以下に述べるとおり

様々な人々が活動している。

　②　介護福祉士は、（1）で述べたように包括支援センターで高齢者に関する総合相談業務や権利擁護業務を担うほか、介護の現場では要介護者の居宅を訪問して、身体介護（入浴、排せつ、食事など）、生活援助（洗濯、掃除など）、通院などの介助を行うことで要介護者が日常生活を円滑に送れるように介護サービスを実施する役割を担う。

　③　看護師・保健師は、要介護者の居宅を看護師や保健師が訪問して行う療養上の世話（訪問看護）や、要支援者の居宅を看護師などが訪問して行う療養上の世話（介護予防訪問看護）などのサービスを提供する。また、保健師は要支援者に対して介護予防ケアプランの作成に指導的役割を果たす。

　④　理学療法士・作業療法士は、訪問リハビリテーション、通所リハビリテーション、介護予防訪問リハビリテーション、介護予防通所リハビリテーションなどで各種訓練やリハビリテーションを行う場合に中心的役割を担う。

　⑤　医師・歯科医師・薬剤師等は、居宅療養管理指導や介護予防居宅療養管理指導で療養上の管理や指導を行う。

　このように現実の介護サービスの現場では様々な人々が様々な業務を行っているが、サービス提供方法等に疑問を感じた場合にはケアマネージャーや保健師に相談し、状況に応じて地域包括支援センターや市町村の介護保険担当部署に相談して、要介護者や要支援者にとって最適なサービスが受けられるように努めるべきである。

4　利用者負担額

　介護保険法の下では、要介護者や要支援者とサービス提供者との契約によって福祉サービスが行われ、要介護者や要支援者はサービス利用の対価の一部を支払う必要がある。すなわち、サービスを受ける場合は、サービスごとに設定されている基準価格の9割が給付され（介護保険法41条4項1号2号、53条2項1号2号など）、要介護者や要支援者は1割を自己負担することとなる。もっとも、要支援や要介護の認定区分（前述の通り要支援は1または2、要介護は1ないし5の区分がある。）によってサービスの上限額があり、その上限額を超えた部分は被保険者たるサービス利用者が全額自己負担することになる。

　また、自己負担額が著しく高額になった場合には、高額介護サービス費や高額介護予防サービス費が別途支給される（介護保険法51条1項、61条1項）。

　なお、通所介護、通所リハビリテーション、短期入所生活介護、短期入所療養介護及び特定施設入居者生活介護食事の提供に要する費用、滞在に要する費用などは利用者の自己負担となる（介護保険法41条1項）。

（浅田修司）

── メ モ ──

― メ モ ―

高齢者をめぐる法律問題入門

2016年3月4日　第1版第1刷発行

編　著	高齢者をめぐる法律問題研究会
発行者	松　林　久　行
発行所	株式会社 大成出版社

東京都世田谷区羽根木 1-7-11
〒156-0042　電話03(3321)4131(代)

Ⓒ2016 高齢者をめぐる法律問題研究会　　印刷／亜細亜印刷
落丁・乱丁はお取り替えいたします。
ISBN978-4-8028-3197-0